献给我的孩子瓦里亚和韦尼亚。他们非常勇敢，陪我一起去喜马拉雅山脉、阿尔卑斯山脉、喀尔巴阡山脉、乌拉尔山脉、阿尔泰山脉和高加索山脉，并体验到人生的乐趣在于翻山越岭、领略世界的美好。

更高更险的山

探索地球之巅与人类极限

〔俄〕拉达·巴卡尔 / 著

〔俄〕塔吉亚娜·乌克列伊卡 / 绘

苑远 张会燕 / 译

宋明蔚 / 审读

长江出版传媒

长江文艺出版社

未小读
UnRead Kids

目录

初识山脉

　　人类总是不安于现状：他们内心想要的东西远不止食物和房屋。他们观察自然，不断地发明创造、绘画写作，还动身去远方旅行。海洋、新大陆以及人迹罕至的路途都在吸引着人们的视线。地球为人类提供了多种多样的机会。

　　15—17 世纪，地理大发现时期的旅行者们为寻求香料、金银、新的贸易路线等而踏上征程。虽然他们是出于国家、政治、贸易等原因出发的，但此后他们的发现对于世界的贡献远超于任何财富。哥伦布在寻找通往印度的新航路时发现了美洲；瓦斯科·达·伽马在前往印度的途中绕行非洲；麦哲伦船队向西航行抵达亚洲，完成了环球航行；西班牙征服者在追逐黄金的过程中发现了南美洲。

　　来自海外的货物遍布欧洲市场：中国的瓷器和丝绸，马鲁古群岛的香料，非洲的咖啡，南美洲的土豆、番茄和玉米。每次发现都丰富了人类关于地球、民族、动植物、海洋和陆地构造、湖泊、山脉、瀑布以及森林的知识。

19 世纪中叶，除了两极，人类的足迹已经遍布全球。20 世纪初，探险家在付出了常人难以想象的代价后才终于到达了两极。这些先驱者分别是俄罗斯极地探险队成员冯·托尔、鲁萨科夫、谢多夫、勃鲁西洛夫、高尔察克，挪威人罗尔德·阿蒙森和弗里乔夫·南森，以及英国人罗伯特·斯科特。人类在考察了南北极之后，又抬头看向高处——被称为"地球第三极"的珠穆朗玛峰。

山脉一直陪伴着人们。众多的商路穿过山口：伟大的丝绸之路，茶马古道，安第斯山脉、高加索山脉和阿尔卑斯山脉的交通干线……众多的进攻阻于高山，从马其顿国王亚历山大大帝到俄国著名将领苏沃洛夫，统帅们都需要先解决至今都难以逾越的山脉：亚历山大大帝进军帕米尔高原，苏沃洛夫翻越阿尔卑斯山脉。山脉上还常建有军事要塞和寺庙，以期护当地安宁，比如，斯瓦涅季、比利牛斯山脉的城堡和要塞，印加帝国的马丘比丘古神庙和亚美尼亚的修道院。

起初，并没有人攀登这座高峰，因为那时还有更多迫切的问题需要解决。不过，19 世纪末，一切都变了：充满好奇心、渴望冒险的人们开始向山顶进发。人们意识到，那些陪伴着大家的山脉，其实是一个未经探索的世界。在不断地努力尝试后，人们终于成功登顶并开始着手研究这些壮丽的山脉。在这个过程中发生了许多传奇的故事，接下来，我们就从这些近在咫尺、热乎乎的知识和故事开始讲起。

不可不知的山脉知识

地球的地貌千奇百怪，既有深不可测的海沟，也有高耸入云的山峰，还有纵深的峡谷及辽阔的平原。

这些地貌是如何形成的呢？山脉的形成有多种方式。实际上，地球就像一个立着的鸡蛋：表面是坚硬的地壳，地壳下面则是被称为"地幔"的岩石圈和软流层。地壳分裂为多个单独的板块，这些板块在地球表面不断地运动（非常非常缓慢）。一部分板块相互挤压或碰撞，板块的部分边缘开始下降，形成盆地，而另一些边缘逐渐上升，形成山脉。如果地壳下面的地幔开始上升或下降，板块的内部也会形成山脉和盆地（这与沸腾的粥中冒气泡有点儿相似）。陆地的部分区域以近乎每年 1.5 厘米的速度，持续地缓慢上升和下沉，这个过程有时还会伴随地震。而在爆发期，火山的增长速度会更快，地球内部会涌出大量熔岩并喷出炽热的物质。

山脉分为年轻山脉和老年山脉。如果山峰险峻，地势陡峭，峭壁陡直，那么这些山脉就属于年轻山脉。年轻山脉的形成时间不超过 6500 万年，诸如大约形成于 1000 万年前的阿尔卑斯山脉和喜马拉雅山脉。高加索山脉、帕米尔高原和喀尔巴阡山脉也属于年轻山脉。乌拉尔山脉则属于老年山脉，这些山脉起伏和缓，没有陡峭的山峰。如果冰川或者河流将它们"劈开"，那么这些老年山脉也会有陡峭的地势，比如，约 5 亿年高龄的东萨彦岭、贝加尔山脉和西乌拉尔山脉。

海拔超过 3000 米的山脉被称为"高山"，海拔在 1000 米以上 3000 米以下的山脉被称为"中山"，海拔在 1000 米以下的山脉则为"低山"。

山地气候与平原气候大不相同。山地海拔越高，气温越低，人们呼吸越困难，因为空气稀薄，氧气很少。海拔每升高 1000 米，温度即下降约 6.5℃，气压和氧气含量也会逐渐降低。即使在夏季，高山上也会下雪，攀至一定的高度你便跨过了雪带，那里气温常年在零度以下。不过，每个地方的雪线高度是会随着山地的地理位置而发生变化的：如果在赤道附近，这个高度约为 4500 米；如果在北极地区，低海拔山脉也会被冰雪覆盖。在喜马拉雅山脉，平均海拔 6000 米以上才会形成冰川，因为海洋上的潮湿气流很难到达那里并形成降雪。珠穆朗玛峰的陡坡上有大量的冰川，山顶却没有——极其强劲的风力令降雪难以大面积堆积。

高山上空气稀薄，灰尘也更少。那里的紫外线更加强烈，对眼睛的危害很大，所以登山者必须佩戴太阳镜。由于稀薄的空气留不住热量，所以背阴处就会特别寒冷。由此一来，在高山上，身体的一侧可能会被冻伤，而另一侧却被晒伤。

山地有各种各样的气候区。

雪带： 高山雪线以上常年积雪的地段。

高山带： 处于草甸带和雪带之间，长有灌丛、苔藓等植被。

亚高山带： 海拔高于森林带。

山地带： 生长着大片的森林，既有针叶林也有混合林，还可能有热带雨林。

半荒漠带： 位于山麓。是草原至荒漠的过渡地带。半干旱气候条件下，也有草原植物生长，所以也称"荒漠草原"。

山脉的构造

高度: 在科学用法中,通常会区分相对高度和绝对高度。相对高度是指从山麓到山顶的距离。绝对高度是指从世界海平面算起的海拔高度,海平面的高度要由多年的观测来决定。

冰瀑: 冰川纵坡很大区段,一般在冰川平衡线之下。冰瀑跨越岩坎,运动速度大,冰面破碎,裂隙纵横,时而发生冰崩。

斜坡: 有斜度的坡面,可通往山顶。山坡与水平面形成倾斜面的坡度各不相同,坡度用"度"来测量。垂直的斜坡等于90度。60度以上的斜坡称为"陡坡",一般只有专业的攀岩运动员和登山运动员才能爬得上去。自然界甚至还有一些负角度的坡面。

山岳冰川: 存在于山地中的冰川的统称。冰川移动时,经常会形成冰瀑。

山谷: 山上的冰川和积雪融化后形成河流,河流长期流经的地方形成山谷。山谷一般狭窄且深邃,沿途有山路,人们经常在此定居。

山脊： 山顶延伸、呈锯齿状的部分。山脊上可能有可通行的道路。

山脉： 由一系列山峰连绵而成。山脊最高点的连线叫作"山脊线"。

山口： 位于几个山顶之间，山脊或者山脉的低平部分。通过山口可以从一个山谷到达另一个。宽阔又便利的山口道路被称作"山径"。

雪崩： 积雪沿着沟槽或斜坡急剧滑落引起雪体崩塌，这种现象经常发生在陡坡。

冰斗： 斜坡上的半圆形凹槽，是冰川的产物。

峡谷： 山体陡坡上的凹地或者槽形谷地，经常发生雪崩、洪水，或者有石块滑落。

冰碛： 由冰川冰汇集起来，并在冰川融化时直接堆积下来的堆积物。其中既有巨大的石块，也有沙子和泥土。

登山运动的起源与发展

山脉研究的历史始于古希腊、古罗马时代。古希腊地理学家斯特拉博的《地理学》一书中系统、细致地描绘了阿尔卑斯山脉、比利牛斯山脉、罗多彼山脉、喀尔巴阡山脉、阿特拉斯山脉、高加索山脉、安纳托利亚和埃塞俄比亚高原。四卷本《自然史》的作者，古罗马作家老普林尼为了观察火山喷发，在攀登维苏威火山时丧生。中世纪的欧洲，人们首次在亚伯拉罕·奥特柳斯于1570年绘制的《世界概貌》中一览世界的全貌，这是人类历史上第一本世界地图册。从马可波罗、阿法纳西·尼基京、爱维亚·瑟勒比的旅行故事和书籍中，人们对遥远神秘的国度和民族、有待开拓的陌生土地，以及高大雄伟的山脉产生了极大的兴趣。

14世纪时，文艺复兴时期的著名诗人弗朗切斯科·彼特拉克登顶位于法国普罗旺斯的旺图山，他后来被称为"第一位登山家"。彼特拉克在写给神父的一封信中记录了这次山地旅行的细节，这封信被保存了下来。在信里，彼特拉克自问道：为何自己要克服懒惰的天性，毅然决然地向上攀登呢？随后他给出了答案：正如人类本能地热爱发现与创造，他们对登顶也有一种天然的渴望。

18世纪末至19世纪初，众多浪漫主义时期的诗人、艺术家和哲学家，诸如拜伦、卡斯帕·大卫·弗里德里希和让－雅克·卢梭等，不断地歌颂自由、野性以及山脉的壮丽，当时的社会也因此掀起了一场登山热潮。除了罗马、威尼斯、佛罗伦萨、比萨和巴黎，突然间法国的阿尔卑斯山脉也成了欧洲旅游的热门地区。

"登山运动"这个词与一座名叫"阿尔卑斯"的山脉紧密相关。

一种说法是"阿尔卑斯（Alps）"这个词来自拉丁语 albus——"白色的"；另一种有争议的说法认为该词源于拉丁语 altus——"高耸的"。

来自瑞士的名门望族们也积极参与山脉研究和科普工作。物理学家、地质学家奥拉斯－贝内迪克特·德索叙尔甚至设置了奖金，用于表彰登顶阿尔卑斯山脉最高峰勃朗峰的勇士。

1786 年 8 月 8 日，医生米歇尔·加布里埃尔·帕卡尔和登山向导雅克·巴尔马成为首批没有使用绳索和冰镐，仅用登山杖和小斧头就登上勃朗峰的人。当时，在勃朗峰山脚下的霞慕尼小镇，登山向导是一个常见的职业。

第二年，巴尔马带领携带测量设备的德索叙尔来到这里。在巴尔马的帮助下，德索叙尔测出了勃朗峰的高度。他的著作《阿尔卑斯旅行》和《我旅途中的美丽篇章》更是让登山运动和远足休闲广受欢迎。此外，德索叙尔还设计出了第一台利用日光和透镜做饭的太阳能集热器，这样在没有木柴生火的地方，登山者也能吃上一口热饭了。

19 世纪以前，登山者主要是像帕卡尔、德索叙尔这样的学者和研究人员，大部分人很少能有机会去攀登高山。尽管有钱人可以雇向导和背夫，但是他们的登山体验依旧称不上舒适。于是直到人们成功登顶勃朗峰，在英国——当时最富有、最先进的国家之一，登山运动才变成了一种大众爱好和时尚。

最初，英国的绅士和贵妇只是到山麓游玩并欣赏顶峰的美景，但是渐渐地，他们也开始登山，并喜欢上了这项运动。

为什么英国的上流社会人士突然要去登山呢？主要有以下几个原因。

首先，英国推崇体育运动：不论是中学生还是大学生，都会练习拳击、划船和赛马。新兴的登山活动顺应了时代的体育精神。此外，19世纪是一个充满发现和突破的时代，科学技术突飞猛进，物理、化学、医学、植物学和动物学等学科快速发展。那时候，每个人都梦想去探索真实的世界和崭新的知识。于是，人们开始向地球上最遥远的角落进发。山脉符合人们的各种需求：体育运动的需求、科学需求、旅行需求，甚至是医学需求。对于受英国潮湿多雨的气候影响而身体虚弱的病人，医生会建议他们到山地游玩：那里阳光充沛，空气干燥清新，适合运动。

登山变得时髦起来，甚至相关的戏剧也开始上演！在伦敦，从1852年开始，整整9年的时间，剧院里一直在上演新闻记者艾伯特·史密斯攀登勃朗峰的故事。舞台上出现了以现实为原型的人物——德索叙尔和巴尔马，他们歌颂山脉的惊险与美丽。这部戏出乎意料地受欢迎，很多人从剧院里一出来就迫不及待地想去登山！于是，一些著名运动员的登山事业也由此开始了。

其次，有关高山的书籍不断面世，报纸上关于登山的报道也源源不断。上流人士的会客厅里、众多的杂志中都展开了激烈的讨论：为什么人们要冒着生命危险去登山，甚至还鼓励其他人也这样做？

同时，在1821年的法国，登山向导们联合起来建立了霞慕尼高山向导协会。该协会制定了登山行为规范、高山向导服务费标准和其他登山准则，甚至还向会员提供登山遇难保险。这是世界上最早建立并运行至今的向导协会之一。那时，只有经过霞慕尼高山向导协会批准的人才能攀登勃朗峰。

随着登山的人越来越多，登山队的向导不足是常有的事。甚至有时没有向导，有些登山队也会向最高峰突击。这时就会出现冲突和纠纷。霞慕尼的向导非常反感登山者将他们当作仆人和背夫。登山者经常抱怨向导对新路线不感兴趣，既不探勘陌生路线，还禁止登山者自己去探索。而且，很多登山者希望自己可以自由地选择向导，或者可以独自登山，不需要向导陪同。

1857 年，阿尔卑斯俱乐部在伦敦成立，这是世界上第一家坚持由登山者自己制定规章制度的登山俱乐部。登山者可以援引俱乐部的条例公开反对霞慕尼的向导。之后，紧随英国人的步伐，登山俱乐部在欧洲遍地开花。

登山运动的黄金时代始于 1854 年著名登山家阿尔弗雷德·威尔斯爵士攀登维特峰。这件事让英国举国欢庆，也成了阿尔卑斯登山运动的开端。在接下来的 10 年间，人们攀登了阿尔卑斯山脉的所有主峰，研究了这片山区的高山带和主要山口。但 1865 年，在人迹罕至、以险峻而闻名的马特洪峰发生了一场悲剧：登山队在下撤时有 4 位队员遇难，其中包括年轻的登山家道格拉斯爵士。这场悲剧震惊了整个社会，登山运动的黄金时代也因此结束。维多利亚女王甚至收到了要求禁止登山活动和解散阿尔卑斯俱乐部的法令草案，但是她并没有签署。

接下来的 10 年被称为登山史上的白银时代。人们将目光投向阿尔卑斯山脉之外。登山技能也没有原地踏步：攀登那些很熟悉的山峰时，登山者们开辟了一些复杂有趣的替代路线；为了增加难度，登山者们还想出冬季攀登的点子，甚至开始攀爬那些曾被认定不可攀登的大岩壁和峭壁。

阿尔弗雷德·威尔斯爵士

当女性登山者们开始攀登高峰，并与男性并驾齐驱的时候，最有趣的故事也就开始了！

阿尔卑斯
登山俱乐部

玛丽亚·帕拉迪

亨丽埃特·德安热维尔

女性登山者

　　19 世纪中叶，登山运动进入黄金 10 年，空前流行和普及，报纸上关于登山的报道接连不断，整个社会都在讨论着登山者、山峰和徒步。男人们想出一些新装备——主锁、冰镐、帐篷，还有一些新路线和攀登方式。在登山热潮下，女人们也决定挑战自己，开始登山。这是一场真正的革命！女性登山者要克服更多的困难：家人的反对、社会的偏见，甚至是服装的限制——当时的女性需要穿紧身胸衣和带铁箍的多层长裙，登山时会很不方便。

　　1808 年（或 1809 年）来自霞慕尼的农妇玛丽亚·帕拉迪成为第一位登上勃朗峰的女性。她当时只有 18 岁，和一些年轻的男性向导是朋友，他们说服了玛丽亚开始这次冒险之旅。在登山过程中，玛丽亚逐渐体力不支，同伴们扶着她穿过了冰川。在最后的胜利时刻，大家齐心协力，背着她登顶勃朗峰。不过，这只是女性登山运动的一个开始。

　　后来者是真正意义上的登山英雄。1838 年，伯爵夫人亨丽埃特·德安热维尔凭借不屈不挠的坚强意志成功登顶。她出身于法国的名门望族。法国大革命期间，她的父亲遭到逮捕，祖父被处以绞刑。她和全家从巴黎逃亡到日内瓦——阿尔卑斯山脉就在近旁，德安热维尔迷上了这片山。一次，年轻的德安热维尔偶然听到了许多关于勃朗峰的故事。之后，她便开始收集并阅读当时出版的所有关于登山的书籍，勃朗峰已经成为她的激情所在。虽然家人禁止德安热维尔去想登山的事情，但是得到第一笔遗产后，45 岁的她终于独立了。她不仅大手笔地添置并使用了当时最先进的登山装备，还雇了 12 名向导和背夫，向勃朗峰发起冲击。

　　亨丽埃特·德安热维尔专门为自己设计了一套登山服：上身是皮草外套，下身是宽松的呢子裤和厚实的呢子裙。这种登山服比现代登山服重两倍。当然，伯爵夫人只有在远离人群的高山上才会打扮成这样，要不然她的装扮肯定会引来人们的非议。

德安热维尔带着自己的私人医生来到了霞慕尼。她严格遵守医生的建议：登山之前不吃不易消化的食物，不喝酒，随身携带足够的水，每次呼吸不畅时都要停下来休息。

笨重的衣服很不方便。上山的第一天夜里，高山病就开始折磨她。德安热维尔担心自己会发生不测，她告诉向导：如果自己不幸遇难，请将她安葬在勃朗峰上。不过德安热维尔渴望胜利的信念更加强大。1838年9月4日，亨丽埃特·德安热维尔成功登顶勃朗峰。

德安热维尔用登山杖在顶峰的积雪上写道：有志者，事竟成。她欣喜不已，放飞信鸽宣布成功。接着，她更是又写又画地做标记，都不想下山了！

德安热维尔一直到老年都还在登山：在接下来的25年里，她攀登了21座山峰。69岁时，她还登上了瑞士的奥尔登峰。

另一位著名的女性登山者是简·弗雷什菲尔德，她是高加索登山运动的先驱道格拉斯·弗雷什菲尔德的母亲。19世纪50年代末，简·弗雷什菲尔德痴迷于登山，在几年的时间内与丈夫和小儿子探索了阿尔卑斯山脉的许多角落，足迹遍布数十条山径。

1861年，弗雷什菲尔德写了第一部以女性参与登山运动为主要内容的书——《女士高山旅行》。

女性登山史上绕不开的人物还有露西·沃克，她来自一个真正的登山爱好者家庭：她的父亲和兄弟是厄尔布鲁士山西峰的攀登先驱。从1858年开始，她花了21年的时间爬上了96座山峰。在当时，这创造了世界纪录。

同时代的另一位女英雄，也是露西的竞争者——玛格丽特·梅塔·布雷武特，她于1865年和侄子威尔·卡利奇来到了霞慕尼。最初，他们去那里是为了治愈威尔的结核病，后来，两个人意外地在霞慕尼发现了人生的新目标。布雷武特看到几乎每天都有队伍进山，受到这种全民登山热的鼓舞，她也打算试一试。布雷武特为她的登山初体验雇了向导，没想到第一次登山她居然就成功登顶了勃朗峰！于是，姑侄二人搁置了所有的事务和计划——现在只有群山，只有攀登！

玛格丽特·梅塔·布雷武特

他们登顶时甚至带着自己的狗"钦戈利"，
这就是他们的过人之处。他们进行了 30 多次艰
难的登山活动，包括冬季攀登。

　　雄心勃勃的布雷武特想成为女性登山者中的第一名。但是，1871 年露西·沃克成
为首位登上马特洪峰的女性，仅仅比她早了 2 天。而且，在登山的新类型"冬季攀登"
中，伊莎贝拉·斯特拉顿于 1876 年先于她登顶勃朗峰，又是只早了几天而已！

　　斯特拉顿夫人的故事同样富有传奇色彩。她是一位勋爵的女儿，上山休养身体，
结果，她爱上了登山，登山也彻底改变了她的生活。斯特拉顿夫人的姑母曾禁止她登
山，但为时已晚，伊莎贝拉·斯特拉顿做了一件比登山还要令人震惊的事情——她向
自己的向导让·查尔斯求婚了。伊莎贝拉和让的后裔现在仍然居住在霞慕尼，他们也
经常去登山。

阿尔卑斯山脉之外

攀登阿尔卑斯山脉彻底改变了登山运动。登山者的攀登技术更加精湛，人们开始沿着难度更高的新路线，攀登已被首登过的山峰。登山成了一项体育运动，许多人开始尝试攀爬曾被认为无法攀登的岩壁。想要完成这些探险需要高超的攀登技术和完善的装备。人们发明了新型锁具、冰锥、冰镐，甚至发明了登山用的手钻！在登山过程中，人们沿着花岗岩壁攀登时，会借助手钻安装人造支点，向任何地方前进都需要扣紧主锁，或者确保有可落脚和手扶的地方。

艾格峰被视为衡量登山者的攀登技术以及攀登复杂度的登山胜地。这座金字塔状的山峰位于瑞士的阿尔卑斯山脉。艾格峰的一面是以险峻著称的北壁，垂直高度约 1800 米，坡度约 75 度。这里地势复杂，山峰高耸，坡面几乎垂直。到达艾格峰顶峰有 20 多条复杂程度各不相同的攀登路线。北壁非常考验攀登技术，如今，不少登山者都会前往北壁，挑战自己的极限，那里经常会传来捷报："他用四个小时登顶艾格峰！""三个半小时！"

不过，是时候探索高加索山脉了。这里有欧洲最高峰——厄尔布鲁士山。这是一座休眠火山，海拔高度为 5642 米。早在 1829 年，俄罗斯科学院的登山队就开始研究高加索山脉的山峰，但是，当时只有当地居民基拉尔·哈希罗夫登顶过厄尔布鲁士山的东峰。

19 世纪下半叶，担任过阿尔卑斯俱乐部主席、英国皇家地理学会会长的道格拉斯·弗雷什菲尔德改变了登山运动的历史——登山运动不再局限于阿尔卑斯山脉。弗雷什菲尔德组织了 3 次远征高加索地区的探险，到过奥塞梯、巴尔卡尔和斯瓦涅季。1868 年，他攀登了卡兹别克山（成为到达那里的第一人！）和厄尔布鲁士山的东峰。弗雷什菲尔德从高加索地区寄出的信件登上了英国最受欢迎的报纸——《泰晤士报》的头版，这些信件如同他的科学著作——两卷本的《高加索山脉探险》一样，给弗雷什菲尔德带来了声望。

登山运动发生了许多变化：出现了更复杂的攀登路线，更完善的登山装备。不过，登山者勇于开拓的精神依旧没变。人迹罕至的高山吸引了众多英勇的登山者前往。登山者将目光投向高加索山脉、安第斯山脉、喜马拉雅山脉、喀喇昆仑山脉——人们对这些山脉知之甚少，当时既没有相关的地图，也不知道山脉的海拔高度。

菲什特山

大

黑海

道格拉斯·弗雷什菲尔德

阿尔卑斯俱乐部伦敦负责人克林顿·登特谈到高加索地区时，说道："如果你身体健康、精力充沛、登山经验丰富，那么就去这个美好的地方吧！那里有巍峨的群山，它们沉默、庄严、坚不可摧。你想体验阿尔卑斯俱乐部主席30年前发现这里时的新鲜感吗？如果你的愿望足够强烈，那就出发吧！"

报纸发行后，高加索山脉让众多登山者魂牵梦绕。在1869年于伦敦出版的书籍《中高加索和巴克桑之旅》中，弗雷什菲尔德展示了位于斯瓦涅季的乌什巴山的照片。报纸的头版文章惊呼："高加索的马特洪峰找到了！"雄伟、壮美但是攀登难度极高的乌什巴山成了西方登山者的梦想。作为阿尔卑斯山脉之外的欧洲最高峰，厄尔布鲁士山在登山界的地位也与勃朗峰不相上下了。

弗雷什菲尔德对欧洲之外的山脉兴趣浓厚。1899年，他带着一支登山队前往喜马拉雅山脉，在研究谷地和确定可行的登山路线时，他环绕了世界第三高峰干城章嘉峰（8586米）。1905年，他曾尝试攀登鲁文佐里山脉的斯坦利山（5109米）。

弗雷什菲尔德在地理和登山方面的贡献巨大，在地图上可以找到以他的名字命名的地方：在阿尔卑斯山脉、高加索山脉和非洲都有弗雷什菲尔德山口。

里海

布鲁士山

乌什巴山

卡兹别克山

加　索　山　脉

库塔伊西

高

第比利斯

小

加

索

山

脉

注：本书地图系原文插附地图

21

艾伯特·马默里

8000 米级高峰的梦想

  19 世纪末，一个提议鼓舞了登山界，促进了整个 20 世纪登山运动的发展，那就是攀登所有的 8000 米级高峰。当时，珠穆朗玛峰流传着很多传说。这是一座怎样的山？它的确切高度是多少？它难道真的是由巨人变成的巨峰吗？艾伯特·马默里试图找出自己的答案。他是 19 世纪末的传奇人物，同时代中最优秀的登山者，技术攀登的创始人，阿尔卑斯山脉和高加索山脉的复杂攀登路线的开拓者。

  19 世纪末以前，登山者会选择最简单的路线，沿着山脊向顶峰攀登，一般会有向导陪同。那段时期的登山者大多是富人和贵族，对他们而言，登山与其说是一种运动，不如说是一种时髦的爱好。马默里对登山的看法截然不同：攀登不是为了登顶，而是为了不断地克服困难。他反对使用额外的登山装备，比如，借助钻头和手钻给山"穿孔"。他的观念迅速流行，影响了一代又一代的登山者。

  有人认为，阿尔卑斯式攀登就是用最快的速度，携带最少的物品和装备上山，并沿最简单的路线下山。马默里就是这么做的。

  直到 19 世纪 70 年代末，马默里和向导共同进行了多次攀登。后来，他拒绝向导陪同，也不再依靠护栏和梯子。他觉得登山应该"真诚"。1888 年，马默里成为首位沿着复杂攀登路线登顶位于高加索山脉的狄克山（5205 米）的登山者，从此一举成名。成名后，高山对马默里的吸引力越来越大，这当然包括其中的庞然大物——8000 米级高峰。

1895 年 6 月，马默里前往喜马拉雅山脉附近的喀喇昆仑山脉，攀登南迦帕尔巴特峰（8125米）——这是当时欧洲人可以攀登的世界第九高峰——8000 米级高峰大多坐落在印度、中国和尼泊尔，而并非所有国家都允许外国人入内。但当时，西方登山者还不了解高海拔攀登的注意事项。

马默里认为，喜马拉雅山脉和喀喇昆仑山脉就像阿尔卑斯山脉或者高加索山脉一样，只是更高而已。

因为缺少高海拔攀登的经验，在攀至 6000 米的高度后，马默里的登山队被迫下撤，所有人都得了高山病。经历了一次失败的尝试后，马默里决定寻找其他的登山路线。1895 年 8 月 24 日，马默里和他的同伴最后一次出现在喜马拉雅山脉的一个山口前的斜坡上。这是 8000 米级高峰登山史上的首次遇难事故。事故发生在南迦帕尔巴特峰海拔 6400 米的地方，登山队遭遇了雪崩，至今仍未找到他们的遗体。

马默里登山队的悲剧并没有给人类登顶地球最高峰的尝试画下句号。攀登仍在继续。1906年，美国人范妮·沃克曼登顶喜马拉雅山脉西部的比纳克里峰（6930 米）。1907 年，英国人攀登了 7000 米以上的山峰——特里苏里峰（7120 米）。1908 年，美国人安妮·佩克登上了秘鲁安第斯山脉的瓦斯卡兰峰（6645 米），他们中的女性登山者成为第一批加入高海拔登山运动的女性。1909 年，阿布鲁齐公爵考察了乔戈里峰（8611 米）。

20 世纪初，登山者的梦想只有一个：攀登喜马拉雅山脉。这座世界上最雄伟壮丽的山脉正在前方等着他们。

马默里支持不带背夫的登山方式，他发明了一种用于高海拔攀登的轻型帐篷。他用加厚的绸布代替帆布，将帐篷高度降低到登山杖将将可以在里面杆直。他还用绳子当支索，用冰镐和锁具固定帐篷四周。这样一来，帐篷的总重量只有 1~1.5 千克。

因为山在那里

雄伟、壮丽、白雪皑皑的喜马拉雅山脉从雅鲁藏布江到印度河岸，横跨几个国家，绵延近 2500 千米。地球上 8000 米级高峰均坐落于喜马拉雅山脉和喀喇昆仑山脉。

世界最高峰珠穆朗玛峰位于中国和尼泊尔的交界处，它曾让 20 世纪的众多登山者心驰神往。

19 世纪，人们认为喜马拉雅山脉的最高点是位于尼泊尔和印度交界处的干城章嘉峰。但是在 1852 年，印度数学家拉德哈纳特·希克达尔根据英国人的早期测量数据，计算出代号为"15 号峰"的山峰应该比之前认为的最高峰干城章嘉峰（8586 米）还要高。当时，这座山峰早就有了自己的名字——珠穆朗玛。

珠穆朗玛峰坐落于尼泊尔与中国的交界处。人们对位于尼泊尔境内的珠穆朗玛峰的南坡所知不多，因为当时的尼泊尔政府不允许外国人进入。从中国西藏可以到达珠穆朗玛峰的北坡，但是如何才能从北坡登顶，探险者就得去现场研究了。

临近 1920 年，英国登山俱乐部掌握的所有信息包括：非同寻常的山脉高度、山脉名称，以及从 100 千米外发来的大量照片。一支合格的登山队必须要进行现场侦察工作。1921 年，第一支英国登山队从印度的大吉岭出发前往位于中国西藏的珠穆朗玛峰。这支队伍很庞大，包括 8 名登山者、学者、测绘员和 60 名背夫（其中 40 名是夏尔巴人），以及 300 头运送物资的牲畜。

这是1921年的英国登山队。后排从左至右依次是：沃拉斯顿、罗伯特·伯里、赫伦、雷伯恩。前排从左至右依次是：马洛里、惠勒、巴洛克、莫斯黑德。马洛里和巴洛克是两位年轻、有前途的登山者，他们均有攀登高山复杂地形的经验。不过，在完全陌生的环境里，考验的不仅是他们自身的攀登技术，还有对登山路线的敏锐判断力。

当地居民（夏尔巴人和其他藏族人）并不知道登顶的路线，他们只对中国和印度之间的山口感兴趣——几个世纪以来，骑着牦牛的商队都会沿着这条路用盐去换取粮食。在夏尔巴人眼中，登上山顶没有任何用处，他们的语言里甚至都没有"山顶"这个词。

5月末，北风变得柔和，天气不再那么寒冷。季风即将到来，这意味着 8000 米级高峰上会迎来持续的降雪，以及难以想象的强风。每年都是如此。从 6 月末到 7 月末，登山队侦察到了从北坡登顶的路线，但是他们被那年的季风困到了 8 月。

西方人从未到过那里。当地的地图并不精确，登山队既要登山，又要完成一些地理测绘任务：绘制山峰的平面图，在地图上标出顶峰和谷地、山口和河流、冰斗和峡谷、侧壁和山脊。

20 世纪 20 年代，英国登山队受到了乔治·马洛里的鼓舞。他没有斗牛犬般的固执，也没有不惜一切代价也要取得胜利的强硬态度，他拥有的是艺术家的想象力，他会一直努力，直到完美地完成任务。

乔治·马洛里

"为什么要攀登珠穆朗玛峰？"记者问马洛里。
"因为山在那里。"

这是 1922 年的登山队。后排从左到右依次是：莫斯黑德、乔·布鲁斯、诺埃尔、韦克菲尔德、萨默韦尔、莫里斯、诺顿。前排从左到右依次是：马洛里、芬奇、朗斯塔夫、奇·布鲁斯、斯特拉特、克劳福德。

在中国西藏海拔约 5000 米的绒布冰川上，耸立着绒布寺。在那里，登山者们看到了没有被群山遮挡的、巨大的珠穆朗玛峰。珠穆朗玛峰呈不规则的金字塔状，顶峰略高于沿途通往顶点的山脊。

登山队决定沿着珠穆朗玛峰北侧的山脊攀登，直至登顶。他们需要找到一条从东北山脊通往北坳的路，山路都隐藏在岩石、冰瀑和冰层之间。经过长时间的搜索，乔治·马洛里找到了通往北坳的道路。但要想爬到山脊上，必须先在冰层里凿出一条大约 500 步的路。登山队不得不止步于此，因为队员们皆体力不支，筋疲力尽。

尽管如此，1921 年的探险还是成功的。登山队研究了通往珠穆朗玛峰的路线，建立了一个大本营和两个登山营地。回到英国后，队员们受到了人们的礼待。但是，大家还是期盼着此后的登山队能登得更高。

1922 年 5 月初，第二支英国登山队起程前往绒布冰川。队伍由 13 个英国人、100 多名背夫和大约 320 头驮运物资的牲畜组成。这次攀登的目标就是登顶。

1922 年 5 月 20 日，马洛里、萨默韦尔、诺顿、莫斯黑德与五名夏尔巴人向珠穆朗玛峰的北坳进发。他们计划在 8300 米的高度建立一个突击营地，但是事实证明，这是一项不可能完成的任务。最后，他们在 7600 米的高度上搭建了帐篷。5 月 22 日，马洛里、萨默韦尔和诺顿（莫斯黑德留在了 7600 米处的五号营地中）到达了 8225 米的高度。从五号营地下撤的途中，萨默韦尔、诺顿和莫斯黑德通通跌倒，借助马洛里冰镐上紧紧系着的绳子才得以脱险。他们用绳子牵着彼此，而这时，最后一束光熄灭了……尽管他们只能在黑暗中摸索着寻找绳索，但他们依旧在冰川上重新开辟出了一条道路。

登山队决定接下来的攀登要使用一种全新装备——氧气罐。然而，那时的氧气罐构造还不完善：一直漏气，极其笨重，使用不便。不过，它们至少还能救救急。

　　8000 米的高度被称为"死亡之地"，那里的空气非常稀薄。当时，人们还不清楚在这样的高度下能否正常呼吸，更别提剧烈运动了。

　　在这次攀登中，7 名夏尔巴人在雪崩中遇难。这场发生在北坳的悲剧中断了第二支英国登山队的攀登计划。但是，他们证明了人类的潜能是无限的！登山时，他们穿的是无法与现代登山靴相提并论的带铁爪的高帮皮鞋，高领毛衣和花呢西装；他们的绳索断了，帐篷和睡袋四面漏风。即便如此，这也是人类登山史上首次到达 8000 米高度的一次攀登。

　　1924 年，在霞慕尼举办的第一届奥林匹克冬季运动会上，首次颁发了奥运会登山金牌——1922 年攀登珠穆朗玛峰，打破历史纪录的英国登山队赢得了团体金牌及个人奖牌。雪崩中丧生的 7 名夏尔巴人也被追授了荣誉。

  1924 年，第三支英国登山队组建了起来。看上去，这次一切都将进展顺利：大致的攀登路线已有；经过首轮尝试后，他们确定了 5 月是最佳的登山时段。1924 年的登山挑战几乎是按照军事行动的标准来计划的，备受瞩目。那时，珠峰委员会认为征服珠穆朗玛峰是向全世界展示帝国精神的机会，并可为后来者做出表率。正因如此，队伍中的澳大利亚人芬奇被除名。取而代之的是英国的年轻工程师、运动员安德鲁·欧文，他绰号"多面手"，在登山的过程中改良了氧气装备，包括减轻其重量。

　　按计划，沿着绳索攀登的马洛里和布鲁斯将最先登顶，然后是萨默韦尔和诺顿。不过，马洛里和布鲁斯的尝试并未成功，他们的氧气中途就耗尽了，天气还十分恶劣。萨默韦尔和诺顿则幸运得多——他们遇到的天气状况更好。诺顿成功抵达 8570 米，虽然由于体力不支，他不得不就此下撤，但这已经是一个新的高度纪录！

　　此时，马洛里和另一位搭档欧文正在突击行进。留在五号营地的奥德尔一整天都在观察着山脊上两人的动向。他似乎在珠穆朗玛峰的"第二台阶"（8605 米）看到了"两个黑点"，他们在 5 分钟内爬上了 30 米高的山脊。随后，云雾又笼罩了珠穆朗玛峰。

　　之后，再也没有人看到过马洛里和欧文。

　　很多年后，1960 年和 1975 年，中国登山队在珠峰发现了一些登山痕迹：一些氧气罐和指南针。而在 1999 年，一支国际搜救登山队发现了一具尸体。人们认出了乔治·马洛里：他的衣服和随身携带的物品保存得很好。看上去，马洛里是滑坠而亡的——一条腿摔断了，头骨碎裂。而欧文的尸体还没有被任何搜救队找到。

　　不管怎样，马洛里和欧文在最后的突击攀登中经历了什么仍然是珠峰的一个未解之谜。他们是否登顶？马洛里的太阳镜在口袋里，说明他们最后的攀登时间是夜晚。氧气罐是空的，他们可能是在下山的途中丢弃了空罐子，这样就不用背负多余的物资。除此之外，人们猜测马洛里和欧文可能已登顶的主要原因是：马洛里的身上并没有妻子的照片和英国国旗，这些东西是他原本打算留在顶峰的。

　　1924 年的这起悲剧几乎让人类攀登珠峰的尝试停止了近 10 年。

　　1933 年英国阿尔卑斯登山俱乐部决定组建新的登山队继续侦察，队长是登山家休·拉特利奇。登山队从中国西藏的北坡开始攀登，找到了马洛里和欧文的冰镐，并得出"珠穆朗玛峰的'第二台阶'无法攀越"的结论。正是在同一年，人们飞至珠穆朗玛峰的上空，拍下了第一组珠穆朗玛峰的航拍照片。

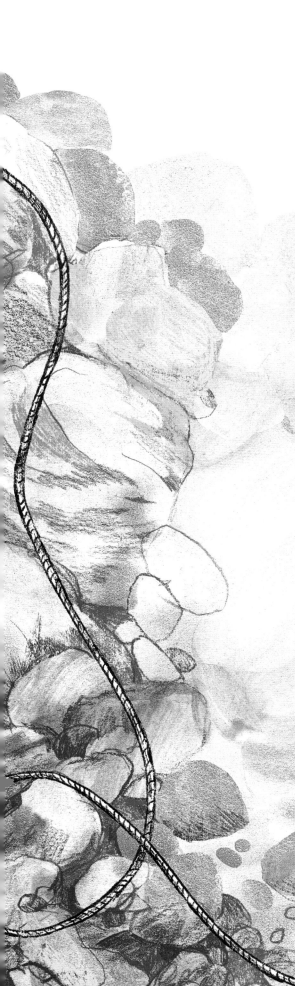

埃里克·希普顿

报纸上刊登了关于这次飞行的新闻报道。不久之后，珠峰委员会收到了一封信：默默无名的英国士兵莫里斯·威尔逊（他既不是登山者，也不是运动员），请求珠峰委员会允许他独自驾驶飞机前往珠穆朗玛峰。威尔逊遭到了拒绝，但是，他并未放弃。1934年，威尔逊购买了一架飞机，学习了一点儿驾驶技能，在英国本土的山脉（高约1000米）稍微转了转，便私自从英国飞往中国西藏。不管多么离奇，他的确飞到了印度，甚至到达了珠穆朗玛峰的山脚。经过几次奋不顾身的攀登，因为毫无登山常识，威尔逊甚至没能爬到北坳，饥寒交迫、体力耗尽的他在山上不幸遇难。

1935年著名探险家埃里克·希普顿带领的登山队发现了威尔逊的遗体和冰镐。这支队伍人数不多结果却十分成功。登山队侦察了尼泊尔境内的珠峰南坡，发现从这一侧登顶的希望很大。这支登山队还登顶了26座海拔超过6000米的山峰，这是之前所有的登山队在这个地区攀登成果的总和。其中，他们首登的山峰有24座。得益于希普顿，现在登山者们可以使用对讲机，他们的口粮也更加健康：为了保证人体在喜马拉雅山脉高山地带所需的每日4000千卡的热量，口粮中增加了小扁豆、蔬菜干、奶粉、维生素和矿物质。在此之前，登山队经常携带的是鱼子酱、鹅肝、鹌鹑蛋、贝类等高胆固醇食物。

希普顿选择让19岁的夏尔巴人丹增·诺尔盖加入这次探险，虽然诺尔盖没有多少登山经验，但是他灿烂的笑容让希普顿做出了这个决定。而这位年轻人也注定要被载入史册。

当然，希普顿很清楚登山队的组建必须极其慎重：一切都要提前规划妥当，挑选队员看重的应是体力和耐力，而不是民族、军队经验或者婚姻状况。毕竟，珠峰委员会对队员在上述三点上的要求非常严格。遗憾的是，此时爆发了第二次世界大战，整个世界都无暇顾及登山这件事了。

首登 8000 米级高峰

尼泊尔的中部坐落着两座雄伟的高峰——安纳布尔纳峰（8091 米）和道拉吉里峰（8167 米），它们相隔不远（约 34 千米）。喀利根德格河在山间流淌，喀利根德格大峡谷是世界上最深的峡谷：两侧环绕着地球上最高的山脉。

14 座 8000 米以上的高峰中，其中有 8 座可从尼泊尔攀登，该国曾长期不对欧洲人开放（英国官员除外）。但是在 1946 年，尼泊尔对科考队敞开了国门，而后于 1955 年，在拉纳家族百年王朝统治结束后，尼泊尔对所有人开放。

1950 年，尼泊尔政府为法国阿尔卑斯登山俱乐部发放了本国历史上第一个喜马拉雅山登山许可证，但是只允许他们在一个登山季内进行攀登。这是一项几乎不可能完成的任务：在当时，还没有人能在这么短的时间内登顶喜马拉雅山脉的 8000 米级高峰。而且，当时的尼泊尔几乎没有大路，只有小道。如今从尼泊尔首都加德满都到安纳布尔纳山麓，5 个小时的车程足够了。而在 1950 年，带着 200 名背夫还有骡子的法国登山队，用了两个星期才从印度到达那里。

起初，登山队决定攀登道拉吉里峰。从喀利根德格河的河道上，可以清晰地看到道拉吉里峰，通往安纳布尔纳峰的路则隐藏在附近的群山后。从图库切村和莱介村（海拔 3000 米）出发的数支登山突击队，开始尝试着向上攀登，侦察进山道路，同时适应环境。

法国登山队是最早尝试高海拔攀登的登山队之一，这里要比他们攀登阿尔卑斯山脉困难得多：空气稀薄、极度寒冷、高山病。生活在平原地带的人到 3000 米以上的地方探险，需要适应和习惯新的环境：低气压、低含氧量的空气。为此，登山者会迅速登顶后再下山过夜。

在寻找通往道拉吉里峰的道路时，法国登山队研究了所有的登山路线，但一无所获。第一条路要穿过陡峭冰川上的冰瀑，对于背夫来说，难度太高。登山队员借助雪橇攀登上东南山脊，探索第二条登山路线。从山脊上可以看到喜马拉雅山脉最可怕的峭壁之———道拉吉里峰的南壁（高约 4500 米），这里极易发生雪崩。它和马特洪峰的北壁十分相像，但它的高度是后者的 3 倍以上。显然，攀登道拉吉里峰至少需要两个登山季，而不是一个！登山队的时间很紧张，因为登山季很短：当时正值春季，寒冷的冬季已经过去，会带来雨雪、狂风和大雾的夏季季风也尚未到来。当年的季风预计会在 6 月初来临，法国登山队在 1950 年 5 月 14 日侦察了通往道拉吉里峰和安纳布尔纳峰的登山路线后，选择了安纳布尔纳峰，在他们看来后者更容易攀登。最终，果敢的法国登山队震惊了全世界：侦察、研究和登顶竟然在一个登山季内完成了！

法国登山队沿着米利斯基河铺设了通往安纳布尔纳峰的道路，他们一直修到了安纳布尔纳峰的北坡。如今，登山者常从安纳布尔纳峰南坡的大冰谷出发，从攀登技术上来说，南坡的登山路线比较复杂，更具挑战性。虽然从北坡攀登会更容易，但是那里经常发生雪崩。

5 月底，登山队到达了 6000 米的高度。登山队员在夏尔巴人的帮助下沿着陡坡攀爬。他们绕过裂缝，开凿出陡峭的台阶，铺上绳索，钉入岩塞，搭建过渡营地，并为冲顶做准备。

道拉吉里峰在梵文中意为"白山"，而安纳布尔纳峰意为"丰收女神"。

在攀登喜马拉雅山脉之前，人们只知道阿尔卑斯式攀登：等待有利的天气，尽可能快地突击登顶。尝试了高海拔攀登之后，人们开始转向喜马拉雅式攀登：搭建若干营地，并从那里向顶峰发起冲击。

6月1日前，法国登山队在斜坡上搭建了多个营地。季风快来了，他们必须尽快登顶。第一队突击队员莫里斯·埃尔佐格和路易·拉舍纳尔正在为登顶做准备，加斯东·雷布法特和利昂内尔·泰雷将在第二天出发，从四号营地的第一个营地转移到第二个营地，等待队友成功下撤。

6月3日，埃尔佐格和拉舍纳尔离开五号营地前往山顶。前一天，他们在7400米的冰坡上凿出了一个平台，在那里搭起帐篷，度过了一个不眠之夜。放在睡袋里的鞋子结冰了，早晨一穿，冰冷刺骨。登山队员们服用了几片"马克西顿"，这是法国医生研制的一种能维持体力的兴奋剂。不过，兴奋剂的副作用也不容忽视——它能赋予人力量，也能削弱人的控制力。

终于到达顶峰！埃尔佐格和拉舍纳尔需要留下登顶安纳布尔纳峰的证据。但是，猛烈的强风让人无法在顶峰拍照，他们在略低处的山脊拍了一张照片后就原路返回了。

下撤时埃尔佐格弄丢了手套，而拉舍纳尔感觉自己的腿已经被冻僵了。到达四号营地的第二个营地时，他们已经是半冻伤的状态。拉舍纳尔的视力变得很差，他看不清前方的路，还弄丢了冰爪和太阳镜，手脚都冻伤了的埃尔佐格则幸福地喊道："我们做到了！"

我们在山中寻找什么呢？结束与死亡的漫长战斗后，我们又一次回到了生命的怀抱，一阵巨大又强烈的喜悦淹没了我们。

——《徒劳的征服者》利昂内尔·泰雷著

安纳布尔纳峰攀登路线图

利昂内尔·泰雷

加斯东·雷布法特

莫里斯·埃尔佐格

　　埃尔佐格和拉舍纳尔的冻伤非常严重。为了援救队友，泰雷和雷布法特取消了登顶计划。他们一整夜都在帐篷里用绳子摩擦队友的手脚。第二天早上，天气彻底恶化：季风携暴风雪来袭，能见度为零。带着受伤的队友下撤到四号营地是非常困难的：伤员无法用手握住冰镐，每走一步都会感到钻心的疼痛。泰雷和雷布法特也是登山英雄，因为他们一起执行了最困难的下撤行动。下撤时，四位勇敢的登山者还遭遇了雪崩，他们不得不在海拔6000米处的一个雪坑里过夜——没有帐篷。因为冻伤严重，四个人都面临着截肢的威胁，他们还患上了雪盲症，难以辨别方向。马塞·沙茨在四号营地附近找到他们时，他们正在营地外艰难地徘徊。全面的救援行动由此展开：登山队统一撤退至二号营地。埃尔佐格和拉舍纳尔得了坏疽，只能在没有使用麻醉药的情况下截掉了手指。

　　莫里斯·埃尔佐格出版了《安纳布尔纳峰：首登海拔8000米纪实》（描写1950年法国登山队的探险活动），这本书是最受欢迎的登山书籍，全球销量超过1100万册。成千上万的人正是从此开始迷恋高山的！埃尔佐格在书中详细描述了医生如何用剪刀剪断了他们患上坏疽的手指。

法国登山队

法国境内矗立着阿尔卑斯山脉的最高峰勃朗峰，因此这里组建了当时最强大的登山队。1950年，攀登安纳布尔纳峰的法国登山队就是这样的一支队伍：队员中有出类拔萃的运动员和经验丰富的登山家，整个团队也有很强的奉献精神。

路易·拉舍纳尔和利昂内尔·泰雷是团队中的传奇人物。他们曾从陡峭凶险的北壁向登山界的"奥斯卡"艾格峰发起冲击，是当时最优秀的登山者。他们是阿尔卑斯式攀登的速度型攀登者。

让·库兹和马塞·沙茨是优秀的登山者，不过，他们还比较年轻。事实证明，年纪稍长的运动员在高山上的适应性更好。

加斯东·雷布法特是登山向导和登山家，也是作家、导演和滑雪爱好者。他攀登过马特洪峰难度最高的北壁。雷布法特来自平原：他出生在法国的海滨城市马赛，直到 15 岁才第一次见到勃朗峰。雷布法特和泰雷组成了一个登山二人组，在攀登时彼此协助。

该团队由莫里斯·埃尔佐格领导。他从小就生活在勃朗峰的山脚下。第二次世界大战期间，他曾在阿尔卑斯山的抵抗军队中作战，是山地射击营的营长。与其他登山队员不同，埃尔佐格是业余爱好者，没有受过专业训练。他的最高成就是沿着新路线攀登勃朗峰。

法国登山队成员还包括负责记录这次探险的摄影师马赛·伊沙克，队医雅克·乌多，以及外交官弗朗西斯·德·诺伊尔，他们也都是登山运动员。

决定攀登安纳布尔纳峰时，法国登山队还不知道等待他们的会是什么。这是人类登山史上首次登顶 8000 米级高峰。安纳布尔纳峰是世界上最危险的山峰之一，死亡率近 27%：266 次成功登顶中有 71 人遇难。1950 年的这次攀登，法国登山队无一人遇难，这简直是一个奇迹！

这次探险结束后，埃尔佐格失去了所有的手指和脚趾。他不得不放弃登山，但是，他并没有放弃日常运动和积极的生活方式。他滑雪、徒步旅行，甚至开过飞机，他还担任过法国体育部部长、霞慕尼市市长，以及国际奥林匹克委员会委员。而雷布法特则放弃了大型的攀登活动，并将自己的一生献给了阿尔卑斯山脉。他的日常就是登山，写书，拍电影。脚趾被截断后，拉舍纳尔放弃了登山。对于泰雷来说，安纳布尔纳峰则是一场漫长旅程的开始：在 20 世纪 50 年代至 60 年代，他相继加入了优秀的喜马拉雅山脉和安第斯山脉登山队。

法国登山队登顶安纳布尔纳峰的壮举给全世界留下了深刻的印象。对于不了解高海拔攀登的人来说，似乎这只是一次攀登陌生高峰的普通探险，但是，这次攀登却是登山史上的一个里程碑。这次登顶也带来了许多改变：越来越多的人开始山地多日徒步、登山和攀岩。

尼泊尔也发生了变化。自 20 世纪中叶以来，它成了登山者的旅行胜地：当地开辟了多条徒步路线和山地旅行路线，还发展出了一系列山地休闲产业。

这次的高山探险和登山者腿部冻伤的现象也带动了相关产业的发展：生产登山服和登山装备的公司越来越多。这些装备是采用创新技术和最先进的材料制成的，专用的高山靴和特制面料——防风、速干。新型的冲顶帐篷、急救毯，通过化学原理自发热的耐寒防潮垫，以及新型的氧气装置也被研发了出来。完善的登山装备让登山条件不再那么恶劣，但整个运动仍然充满挑战。

英雄总会登顶

但是，当时还没有登山队能够登顶珠穆朗玛峰。最后一次珠穆朗玛峰探险过后的 10 年里，人们经历了第二次世界大战。新一代登山者成长了起来，他们仍然梦想着攀登珠穆朗玛峰——这个白色的、难以征服的庞然大物，也是登山家马洛里和欧文遇难的地方。

1950 年，尼泊尔政府终于允许外国人入境，法国人最先购得登山许可证，并前往安纳布尔纳峰。英国登山队想要从珠穆朗玛峰的南坡登顶，然而他们对南坡知之甚少，从 1921 年马洛里以及 1934—1935 年的英国登山队在珠穆朗玛峰的见闻中能够得知：南坡的登山路线上有巨大的昆布冰川，尚不清楚西库姆冰斗能否通行。

> 是否可以从西库姆冰斗攀登到珠穆朗玛峰和洛子峰之间的"南坳"（两山非常接近，仅被南部山口隔开）？山脊从南坳绵延到顶峰的复杂程度如何？昆布冰川能否通行？

这些问题并不容易回答。1950 年，由英国登山明星比尔·蒂尔曼率领的英国科研考察队登上普莫里峰山脊上的岩石山丘"卡拉帕塔"（此处现在是通往珠穆朗玛峰大本营途中最壮观的观景平台之一），他们认为昆布冰川是可以通行的，但是从卡拉帕塔向上眺望时没有发现通往南坳及更高处的路线。

1951 年，一支新的英国登山队成立——再次由埃里克·希普顿率领。队伍中首次加入了两位新西兰登山者。重要的是，其中一位是埃德蒙·希拉里。

> 高大、强壮的希拉里是一名飞行员和养蜂人。与著名的英国登山队会面之前，他一直忐忑不安。他想："他们在篝火旁吃饭时，会不会还要戴上领结或系上领带呢？"因为这在英国的登山精英中很常见。

希拉里的担心是多余的：这个登山队很亲民也很成功！1951 年秋天，英国登山队到达珠穆朗玛峰的南坡。英国登山队发现从洛子峰鞍部到达珠峰顶峰的那段东南山脊攀登难度不大，他们立刻做出决定：虽然西库姆冰斗很陡峭，但我们必须过去。

现在，南坡的登山路线变得清晰起来：穿过昆布冰川，到达西库姆冰斗，沿着通往洛子峰鞍部的东南山脊向上爬——顶峰就在前方。

最困难的部分是陡峭又危险的昆布冰川，它布满断崖，到处都是石头、落冰和不稳定的冰川裂缝。夏尔巴人坚决拒绝穿越昆布冰川。当然，最终他们还是被说服了。在第 3 次尝试之后，英国登山队战胜了昆布冰川。但是深入西库姆冰斗的行动被一条 30 米的巨大裂缝所阻止。

这次探险不得不提前结束。回国后，英国登山队又递交了 1952 年的登山申请，但他们收到了令人震惊的消息：1952 年的登山许可证已经颁发给了瑞士登山队。对尼泊尔政府而言，这无关紧要，是瑞士登山队先申请的，那么登山许可证顺理成章就该给他们。不过，国家之间的登山竞赛由此便开始了——谁将第一个登顶珠穆朗玛峰？瑞士登山队在 1952 年的春季和秋季，努力尝试了攀登珠穆朗玛峰，法国人将在 1954 年春季尝试登顶，这意味着英国人必须得在 1953 年成功登顶！

具体来说，1952 年的春季，瑞士登山队开始沿着英国登山队开辟的南坡路线攀登。他们随身携带了铝制爬梯以翻越裂缝。雷蒙德·兰伯特和夏尔巴人丹增·诺尔盖（这是他第 5 次攀登珠穆朗玛峰）沿东南山脊突击到了 8595 米的高度后下撤，离最高峰仅差大约 250 米。下撤原因是南坳难以扎营，天气恶劣且装备结冰。秋季的天气非常恶劣，登山时就更别提了——攀登到南坳时登山队已经痛苦不堪，大家都知道这次是无法登顶了。

1953 年来临。英国不能再错失这次机会。英国第 9 和第 16 登山队向珠穆朗玛峰发起了挑战。

这次探险是按照真正的军事行动来规划的：362 名背夫，400 多人的登山队，其中包括 12 名向导。珠峰委员会撤回了由埃里克·希普顿担任这次探险负责人的决定，并将管理权交给了登山者约翰·亨特，他是一名军人。另外，登山队中的夏尔巴人由丹增·诺尔盖领导，这已经是他第 6 次尝试攀登珠穆朗玛峰了。他是举世闻名的夏尔巴登山者。

这次，登山队下定决心要攻克这座山。他们穿过昆布冰川并有计划地向前推进，建立新的营地。他们花了 1 个月的时间沿着冰川修路，向南坳进发。4 月 15 日，登山队在 5910 米处搭建了二号营地。4 月 22 日在昆布冰川顶部的 6160 米处设置三号营地，最后于 5 月 17 日在 7315 米处建立七号营地，冲顶由此开始。

5 月 27 日，埃德蒙·希拉里和丹增·诺尔盖——当时世界上最强大的登山组合，背着氧气罐，开始向上攀爬。当地时间 5 月 29 日 11:30，他们如愿以偿，终于成功登顶！这个可以与环游世界、遨游太空、最伟大的科学发现相媲美的梦想终于实现了！

> 诺尔盖在自己的《雪之虎》一书中写道，他在顶峰时感到异常幸福，他向珠穆朗玛峰祈祷并致谢，他想起了每个想登顶而不得的人，包括自己的朋友雷蒙德·兰伯特。

从洛子峰的鞍部通向珠穆朗玛峰顶峰的山脊上，一条狭窄的、几乎垂直的冰块和岩石堆切断了道路——后来这里用这位登山先驱的名字被命名为"希拉里台阶"。台阶的高度接近 13 米，于是希拉里的身高成了优势：他先爬了上去，然后放下一根绳索，这样一来，个头不高的诺尔盖就能沿着绳子爬上去了。

> 2015 年，尼泊尔的强烈地震导致希拉里台阶坍塌。现在，这里不再是垂直的岩石断面了，取而代之的是一堆岩石，虽然攀登难度降低了，但对于登山者来说，这里仍然是个不小的挑战。

他们在顶峰待了 15 分钟。诺尔盖在雪地里留下了联合国、英国、尼泊尔和印度的旗帜，这些旗帜是缠绕在冰镐上带去的，他还带了糖果和一只玩具猫献给神灵和天堂里的每个人。

埃德蒙·希拉里

丹增·诺尔盖

1953 年 6 月 2 日上午，恰逢英国女王伊丽莎白二世的加冕典礼，英国登山队成功登顶珠穆朗玛峰的消息传到了伦敦。世界为之欢腾。当然，也有一些质疑：是不是勇敢的夏尔巴人诺尔盖帮助体力不支的希拉里登上顶峰的？也有完全相反的说法：是不是希拉里独自完成了所有事情？但是，诺尔盖平息了这些争论，他说希拉里是第一个登顶的人。

此后，希拉里度过了漫长而有趣的一生：他又攀登了喜马拉雅山脉的另外 10 座高峰，是继斯科特和阿蒙森之后通过陆路到达南极的第 3 人，后来他又参加了北极探险。据说他是历史上第 1 个到过地球"三极"的人。

希拉里享年 88 岁，余生一直在帮助尼泊尔人民：由他创立的喜马拉雅信托基金会致力于修桥补路，建造医院和学校，修复古老寺院。因为这些功绩，他成为首位被授予"尼泊尔荣誉公民"称号的外国人。现今，在尼泊尔的高山地区和珠峰地区有 26 所学校，其中许多是以埃德蒙·希拉里爵士的名字命名的。到过这些地区的人们都会记得村庄里最好的建筑就是学校，每天早晨，周围的孩子们会去那里上课。

埃德蒙·希拉里和登山队队长约翰·亨特获得了骑士爵位，丹增·诺尔盖获得了英国、尼泊尔和印度的勋章。通往珠穆朗玛峰的世界最高机场——卢卡拉机场，2008 年被以丹增·诺尔盖和埃德蒙·希拉里的名字命名为"丹增 - 希拉里机场"。

勇气、梦想、坚持不懈和开拓进取的精神让人类终于登顶珠穆朗玛峰和安纳布尔纳峰。不过，8000 米级高峰中仍有 12 座等待人类去挑战。

更高处只有云

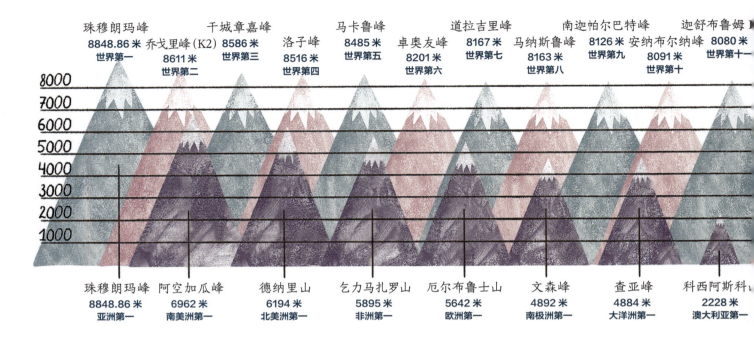

珠穆朗玛峰
8848.86 米
世界第一

乔戈里峰（K2）
8611 米
世界第二

干城章嘉峰
8586 米
世界第三

洛子峰
8516 米
世界第四

马卡鲁峰
8485 米
世界第五

卓奥友峰
8201 米
世界第六

道拉吉里峰
8167 米
世界第七

马纳斯鲁峰
8163 米
世界第八

南迦帕尔巴特峰
8126 米
世界第九

安纳布尔纳峰
8091 米
世界第十

迦舒布鲁姆
8080 米
世界第十一

珠穆朗玛峰
8848.86 米
亚洲第一

阿空加瓜峰
6962 米
南美洲第一

德纳里山
6194 米
北美洲第一

乞力马扎罗山
5895 米
非洲第一

厄尔布鲁士山
5642 米
欧洲第一

文森峰
4892 米
南极洲第一

查亚峰
4884 米
大洋洲第一

科西阿斯科
2228 米
澳大利亚第一

世界上有 14 座海拔超过 8000 米的高峰。20 世纪 50 年代，在登顶珠穆朗玛峰和安纳布尔纳峰之后，人们也几乎成功挑战了其他几座高峰。

许多国家，尤其是有着悠久登山历史的国家，都渴望得到"8000 米级高峰征服者"的荣耀。因此，登山界上演了一出出壮烈的悲剧和振奋人心的英雄史诗。其中最具戏剧性的就是乔戈里峰（又称 K2 或杀人峰）登山者的故事。

乔戈里峰是海拔仅次于珠穆朗玛峰的世界第二高峰，也是 8000 米级高峰里位置最靠北的。乔戈里峰位于巴基斯坦和中国边界的巴尔托洛慕士塔格山的山脊上，属于喜马拉雅山西北部的喀喇昆仑山脉。很多地理学家并不区分喜马拉雅山脉和喀喇昆仑山脉，认为形式上它们就是一个山脉，只不过这个山脉非常巨大。但从历史上看，曾有一部分的喜马拉雅山脉被归为喀喇昆仑山脉。

在很长一段时间内，这些荒凉的地方在地图上都是空白点。托马斯·乔治·蒙哥马利中校是最早观测喀喇昆仑山脉的欧洲人之一，他在地图上将这里的山脉标注成 K1（K 代表"Karakoram"，即喀喇昆仑山脉）、K2、K3、K4……后来，这种叫法就成了惯例。

在 8000 米级高峰中，乔戈里峰不仅是海拔第二高的山峰，死亡率也是第二高的：在 466 次攀登中共有 86 人遇难，数据显示每 7 名登山者中就有 1 人遇难。从中国出发的登山路线更加艰难和危险，因此四分之三的登山者都会从巴基斯坦那侧出发。由于乔戈里峰位于北部，因此天气更加恶劣，几乎没有人去那里尝试冬季攀登，这也是乔戈里峰与其他 8000 米级高峰的不同之处。

迦舒布鲁姆 II 峰
阿特峰　8034 米　希夏邦马峰
51 米　世界第十三　8027 米
第十二　　　　　世界第十四

在乔戈里峰上，登山者面临的主要危险有：雪崩、掉落的冰柱（冰块）和石头、冰裂缝，以及大量的积雪。山上的天气通常很糟糕。

1909 年，著名登山家阿布鲁齐公爵路易吉·阿梅代奥·萨沃伊王子选择此山进行攀登，自此乔戈里峰开始闻名全世界。他攀登过北美圣伊莱亚斯山脉（北美大陆的第二高峰），进行过北极探险。如今，久负盛名的"阿布鲁齐山脊"是乔戈里峰最经典的攀登路线。当阿布鲁齐公爵率领的登山队攀登至 6660 米时，他们失去了登顶的信心，在天气变恶劣之前下了山。当时，这位绝望的公爵说："如果有人能登顶乔戈里峰，那他一定不是登山者，而是飞行员。"

但阿布鲁齐公爵错了：45 年后的 1954 年，意大利的登山家里诺·莱斯德利和阿希尔·孔帕尼奥尼沿着阿布鲁齐山脊成功登顶。他们在顶峰待了半个小时并将空氧气瓶留在了那里。下撤时已经是半夜，他们精疲力竭且严重缺氧。他们不小心从陡坡高处的冰裂缝处跌落，非常幸运地飞过了峡谷，跌到了陡坡另一端的雪坡上。不一会儿，孔帕尼奥尼又随着雪檐一起向下滑落，再次因为运气好，他仅仅滑坠了 10 米不到的距离就停在了雪坡上。第二天，孔帕尼奥尼又滑坠了 200 米，并再次成功地停在了雪坡上。他们能够回家是真正的奇迹。

1954 年的意大利登山队因丑闻而引起世界关注。首位获得金冰镐奖（登山界的"奥斯卡"）终身成就奖的著名登山家沃尔特·博纳蒂控诉莱斯德利和孔帕尼奥尼的背叛：他和一名来自巴基斯坦的背夫一同将氧气瓶搬运到突击营地的时候已经是深夜了，但是登山队却没有给他们留下帐篷，博纳蒂和背夫冒着被冻伤的风险，在户外露宿了一夜。

路易吉·阿梅代奥·萨沃伊
阿布鲁齐公爵

沃尔特·博纳蒂

里诺·莱斯德利

阿希尔·孔帕尼奥尼

洛子峰

据统计此山共有 31 人遇难。

同珠穆朗玛峰一样，洛子峰位于中国和尼泊尔的边境交界处。珠穆朗玛峰和洛子峰之间通过南坳相接，南坳的高度为 7906 米。

洛子峰一直被珠穆朗玛峰的光芒所掩盖。从南坳到洛子峰山顶的高度只有 610 米，但是几乎所有登山者都去了珠穆朗玛峰。不过，现在有一种登山方式很受欢迎：一次性攀登这两座山峰，即登顶珠穆朗玛峰后再从南坳攀登洛子峰。

首次登顶洛子峰的是瑞士人。1956 年埃尔恩斯特·莱斯和弗里茨·卢辛格沿着西侧（经典路线）登顶洛子峰。但洛子峰的卫峰洛子夏尔峰仅在 1970 年由奥地利人泽普波·迈叶勒洛和罗利福·瓦利捷罗登顶过。

马卡鲁峰

据统计此山共有 40 人遇难。

"黑巨人"马卡鲁峰位于尼泊尔和中国边界处，距离珠穆朗玛峰 19 千米，在其东南方向。

马卡鲁峰于 19 世纪下半叶就为人所知，但因珠穆朗玛峰的名气更大，所以在 1950 年以前，登山者都没有留意过这座山。1955 年的春季，法国登山队同 1950 年攀登安纳布尔纳峰的传奇人物利昂内尔·泰雷和让·库兹一起登顶了该峰。这是喜马拉雅山脉登山史上，首次登山队的队员全部登顶：包括 9 名队员和夏尔巴人的领队。这是一次喜马拉雅式攀登：在夏尔巴人的帮助下，登山队有足够的氧气供应和提前准备好的护栏，还有预先建立的高海拔营地。当时，欣喜若狂的法国登山队称马卡鲁峰为"幸福之山"，他们说攀登这座山峰就像攀登勃朗峰一样，多亏了出色的登山设备和完美的天气，之前来喜马拉雅山脉的登山队都没有遇到过这种好天气。除了经典路线外，马卡鲁峰其他的登山路线都相当难爬，1988 年苏联登山队首次从马卡鲁峰西侧山脊成功登顶，还因此获得了金冰镐奖。

卓奥友峰

据统计此山共有 52 人遇难。

"绿松石女神"卓奥友峰是 8000 米级高峰中最"容易"攀登的山峰之一，位于中国和尼泊尔的边界。卓奥友峰的攀登者数量仅次于珠穆朗玛峰，但遇难人数却比珠穆朗玛峰少很多。

1954 年，奥地利登山队成功登顶卓奥友峰。在登山史上，这是首次在喜马拉雅山脉进行无氧攀登且成功登顶的团队，登山队成员包括：格尔别尔特·季希、约泽夫·约赫列勒，以及夏尔巴人帕桑格·达瓦·拉马。

干城章嘉峰

据统计此山共有 56 人遇难。

干城章嘉峰位于尼泊尔和印度的边界处。这座山峰有五个顶峰，所以它名字有"雪中五宝"的含义。

当地居民认为干城章嘉峰是一个喜怒无常且善妒的女神。她不能忍受任何物体或任何人超过她。1955 年英国人乔治·邦德和乔·布朗首次登顶。但他们没有攀登到该峰的最高点——这源于锡金国王的要求——他允许英国人攀登干城章嘉峰（这座山峰对其臣民来说很神圣），但不许他们攀登到顶峰，以免惹怒女神。从那以后这就成了惯例：登山者攀登到距最高点还有几米处的地方就必须停下。

这位女神对于那些敢于攀登她的女人尤为严厉。1991 年，来自斯洛文尼亚的玛丽娅·弗兰托勒和若泽·罗兹曼试图登顶这座山，结果两人双双遇难了——人们在距离顶峰不远处的地方发现了她们的遗体。第二年，伟大的波兰登山家旺达·卢切薇兹也丧命于此，她可是登顶过乔戈里峰的人。又过了两年，第一位登上珠穆朗玛峰的苏联女性登山者叶卡捷琳娜·伊凡诺娃也在雪崩中遇难了。直到 1998 年，英国女性登山者吉尼特·哈里森终于成功登顶，并从顶峰顺利返回。

南迦帕尔巴特峰

据统计此山共有 73 人遇难。

"赤裸之峰"南迦帕尔巴特峰位于巴基斯坦，属于喜马拉雅山脉。南迦帕尔巴特峰素以天气极端阴沉而闻名。它靠近温暖的平原，登山者将面临大量降雨和持续雪崩的危险。山上的天气恶劣多变，可能会突然出现暴风雪、大雾或者降雪。在南迦帕尔巴特峰，一年中的大部分时间都不适合攀登。

1895 年，英国登山者艾伯特·马默里遭遇雪崩，成为这座山的第一位遇难者，他成功攀登至 6100 米。1934 年在这座山的雪坡上有 10 人遇难，1937 年雪崩埋葬了 16 人，1950 年又有 2 人遇难。终于在 1953 年，奥地利登山家格尔曼·布里取得了登山史上举世瞩目的成就。凌晨 2:30（风渐渐消退，积雪还未融化，冰川也没有移动），他从 6900 米的高度开始攀爬，17 个小时后到达 8125 米高的地方，也就是说他独自爬了近 1300 米！他必须在黄昏时下撤。但是入夜后，他被困在了巴钦斯基洼地中——顶峰和较低的山峰之间的鞍部，他在一个石块上熬到了天亮。凌晨 4 点，布里拖着冻伤的腿继续下撤。在离开帐篷 41 个小时后，他回到了五号营地，队友们都在等待着他。大家都在说，在这 41 个小时里布里老了 10 岁！

格尔曼·布里

马纳斯鲁峰

据统计此山共有 84 人遇难。

"神山"马纳斯鲁峰位于尼泊尔，它的一侧与安纳布尔纳峰相接。

日本登山队曾 5 次试图登顶马纳斯鲁峰。在 1952 年和 1953 年的尝试失败后，居住在马纳斯鲁峰山脚下的萨玛村村民开始禁止登山队攀登：日本登山队前几次的攀登未经当地首领允许，亵渎了众神之家，所以众神发动了雪崩，导致 18 人遇难。即使捐款修复被雪崩摧毁的寺院也无济于事，日本登山队只好离开了那里。

1956 年，又有 3 支登山队试图从东北山脊一侧来攀登这座山。

布洛阿特峰

据统计此山共有 34 人遇难。

在距离乔戈里峰 8 千米的地方，坐落着"宽阔之峰"布洛阿特峰。1957 年，弗里茨·温特斯泰勒、马库斯·施木克、库尔特·金别尔格尔和格尔曼·布里（脚趾已截）用阿尔卑斯式攀登方式首次登顶。

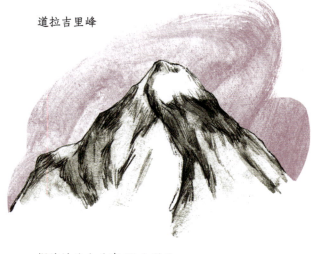

道拉吉里峰

据统计此山共有 82 人遇难。

"白山"道拉吉里峰坐落于尼泊尔境内，位于穿过喜马拉雅山脉主山脊的喀利根德格河旁边。它有多座卫峰。

道拉吉里峰的登顶挑战持续了整整 10 年！1950 年，法国登山队侦察道拉吉里峰后，几乎瞬间就明白了：登顶不是那么容易的。这座山峰的南壁很像马特洪峰的陡峭北壁，但是后者的 3 倍高！法国人，接着是意大利人和日本人，许多登山队都在持续不断的雪崩和落石前退缩了。终于，在 1960 年，全世界顶尖的登山者们联合起来，共同协作，冲顶道拉吉里峰。这支队伍乘坐飞机到达 5200 米处，然后从那里沿东北山脊成功登顶。

迦舒布鲁姆 I 峰

据统计此山共有 34 人遇难。

"隐蔽之峰"迦舒布鲁姆 I 峰位于克什米尔地区，与中国接壤。1958 年，美国人皮特·斯古因和恩德留·考夫曼沿东南山脊成功登顶。1975 年莱因霍尔德·梅斯纳尔和彼得·哈伯勒采用阿尔卑斯式攀登方式成功登顶。

迦舒布鲁姆 II 峰

据统计此山共有 23 人遇难。

"美丽的山"迦舒布鲁姆 II 峰名副其实：它优雅的顶峰被陡峭的崖壁包围着，终年覆盖着积雪。它坐落于"隐蔽之峰"旁边。迦舒布鲁姆 II 峰被登顶了 900 多次，这个数字超过它的就只有珠穆朗玛峰和卓奥友峰。第一批登顶的是奥地利登山队，他们在 1956 年登顶。2001 年，丹尼斯·乌鲁布科用时 7 小时 30 分钟，完成了从营地（2800 米）到山顶的单人速攀。2011 年，他又与西蒙尼·莫罗，以及科里·理查兹一起进行冬季攀登，并成功登顶。在登山史上，这是喀喇昆仑山脉 8000 米级高峰的首次冬季登顶。

希夏邦马峰

据统计此山共有 31 人遇难。

希夏邦马峰是 8000 米级高峰中最矮的一座，位于中国西藏，离尼泊尔的边境线不远。1964 年，中国登山队首次登顶希夏邦马峰，这是人类登顶的最后一座 8000 米级高峰。

一位伟大的登山家

人类已经成功登顶 14 座 8000 米级高峰，现在还有哪些地方等着人们去挑战自我呢？新一代登山者还能做什么？登山运动还有未来吗？有一个人开始重新思考攀登，用各种方式改变攀登，用新的梦想来激励登山者，人们提到他的名字时，总会在前面加上"伟大"这个词。他就是莱因霍尔德·梅斯纳尔，毫无疑问，他是当代最杰出的登山者。当然，有些人可能会说他是"有史以来"最杰出的登山者。

梅斯纳尔出生于阿尔卑斯山脉南部的南蒂罗尔，这是意大利和奥地利之间最迷人的山区之一。有人评价，那里的山脉是全欧洲最壮美的，在帕多瓦大学读建筑系的梅斯纳尔深有同感。他从少年时期就开始登山，选择的登山路线一次比一次难度高。1970 年，梅斯纳尔和弟弟冈瑟一起加入了德国登山队，攀登南帕尔巴特峰。那是梅斯纳尔第一次爬上坚不可摧的鲁泊尔岩壁，但在下撤时，冈瑟因雪崩遇难，冻伤的梅斯纳尔也失去了 7 根脚趾。弟弟（冈瑟的遗体在 2005 年才被找到）的遇难对梅斯纳尔的影响极大，为了纪念冈瑟，梅斯纳尔将自己之后所有的攀登成就都献给了他。

1972 年梅斯纳尔登顶马纳斯鲁峰，1975 年登顶迦舒布鲁姆 I 峰。1978 年他没有携带氧气瓶，独自沿着希拉里和诺尔盖的经典路线（从南坳沿东南山脊攀登）成功登顶珠穆朗玛峰。从那以后，高山无氧、快速自由的单人攀登被称为"梅斯纳尔式攀登"。

梅斯纳尔继续采用自己这种"疯狂"的登山方式，沿"杀手峰"南迦帕尔巴特峰的西壁迪亚米尔岩壁登顶。1980 年，他在季风季节又完成了一次单人无氧攀登：从中国西藏出发，采用了"马洛里 – 欧文路线"，经过北坳和东北山脊，沿诺顿雪沟登上珠穆朗玛峰顶峰。梅斯纳尔在这次攀登中创造了 4 个令人敬佩的"首次"：独自一人，没有氧气瓶，在季风季节攀登，以及采用了这条路线！

梅斯纳尔写了一本关于这次攀登的书——《水晶地平线》。

直到现在都没人打破过这些纪录！更令人惊讶的是：梅斯纳尔对于自己创造的纪录完全不感兴趣。他认为登山不是一项运动，而是一种认识自我、发挥创造力的方式，也是一种战胜自我的艺术。

1986 年，梅斯纳尔成为"攀登 14 座 8000 米级高峰的世界第一人"。此后，他又爬上了"七大洲最高峰"，即所有大洲的最高点；徒步穿越了戈壁和塔卡拉玛干沙漠；不依靠雪橇犬，徒步去南北极探险；他还去非洲、安第斯山脉和中国旅行。他写了 70 多本书，讲述他的探险之旅。

在实现目标的道路上，我最大的敌人就是恐惧。我是一个非常胆小的人，如同所有胆小的人一样，我在努力克服恐惧。战胜恐惧后，我变得很幸福。我独自去了3次南迦帕尔巴特峰，因为恐惧，这3次我都退缩了。直到积聚力量克服自己的恐惧后，我登上了顶峰。我想要比我的恐惧更加强大。

对于想要征服高山的人来说，登顶可能会让他们引以为傲。我从未征服过山峰，我只是登上了山峰。在苏联、德国和意大利，为了宣传登山，人们将高山描绘成敌人，那些能成功登顶的人就是英雄。但是，我不是为了祖国的荣耀而去攀登那些8000米级高峰的，我是为了我自己。我没有随身携带意大利或南蒂罗尔的旗帜，我的手帕就是我的旗帜。

梅斯纳尔集杰出的登山家、强壮的运动员、实用主义者和战略家的特质于一身，最终，他成了浪漫主义者、哲学家和作家。在他之前的登山者或多或少都具备这些特质。但是，最重要的是，他的观念从根本上改变了攀登。他是英雄主义和民族主义登山运动的反对者，他说，应该为自己成功下撤多少次而感到骄傲，这才是最有意义的事情。梅斯纳尔不止一次从马卡鲁峰、道拉吉里峰、洛子峰、卓奥友峰和南迦帕尔巴特峰下撤。总共11次成功下撤——这是一种纪录，一个很少被报道的纪录，很少有人努力去打破的纪录。但是，这却是登山史上最理性的纪录。

梅斯纳尔进行了3000次攀登，100次首登，24次世界最高峰的探险，还有一系列独特的单人攀登。为此，2010年他被授予了登山界的最高奖项——金冰镐终身成就奖。

梅斯纳尔所有的攀登成就都渗透着对自然、自我和人类精神的深刻理解。他一直都提倡登山时要最大限度地保证安全，尊重自然和登山传统。

他的最新成果（他称其为"第15座8000米级高峰"）就是位于南蒂罗尔地区的梅斯纳尔山峰博物馆（MMM，Messner Mountain's Museum），这是由他构思并创办的，旨在向世界介绍静谧的山脉以及山脉文化。

1. 位于博尔扎诺市的费尔曼博物馆（MMM Firmian），它的主题是人与山峰。

2. 位于苏尔登村的奥尔特莱斯博物馆（MMM Ortles），它的主题是天涯海角。博物馆在一个被冰雪和石头包围的地洞中，主要介绍极端条件下的旅行故事。

3. 位于蒙特丽塔山顶的白云岩博物馆（MMM Dolomites）是献给白云岩、大自然、人民以及登山历史的一所博物馆。

4. 位于尤瓦尔城堡的尤瓦尔博物馆（MMM Juval），它的主题是神话、山中传说、山区人民的艺术。

5. 位于布鲁尼科市的里帕博物馆（MMM Ripa）讲述了山区人民的生活。

6. 位于滑雪胜地科隆普拉茨山的科罗内斯博物馆（MMM Corones）是一所登山历史博物馆。

如今，梅斯纳尔居住在尤瓦尔城堡，日常生活主要是管理博物馆、写书和养牦牛。

51

俄罗斯登山史

俄罗斯人既不在攀登阿尔卑斯山脉的著名登山家之列，也不在首批登顶 8000 米级山峰的名单中。即便如此，苏联登山者（来自高加索、勘察加半岛、西伯利亚以及中亚）在首登中所取得的成就也格外耀眼，他们开创了自己的登山传统、登山文化，以及独一无二的登山风格——俄罗斯式登山。

俄罗斯的山脉类型多样。山势平缓的乌拉尔山脉从极圈内绵延至巴什基尔草原，将俄罗斯的国土一分为二；科拉半岛以北的白海附近屹立着长满苔藓的希比内山，那里有美丽无比的山中湖泊；南边的黑海和里海之间耸立着壮美的大高加索山脉；在东边的西伯利亚，阿尔泰山脉和萨彦岭高高耸起，成就了亚洲宏伟山系；在东北的雅库特地区矗立着上扬斯克山脉；远东则有锡霍特山脉，以及勘察加火山群。苏联时期的山脉还包括美丽的喀尔巴阡山脉（位于乌克兰）、帕米尔高原，以及由海拔 7000 多米的秀丽群山连绵而成的天山山脉（现位于塔吉克斯坦、吉尔吉斯斯坦和乌兹别克斯坦境内）。

彼得·奇哈乔夫

彼得·彼得洛维奇·谢苗诺夫

基拉尔·哈希罗夫

彼得一世

和其他新事物一样，俄罗斯的登山运动始于彼得一世。1697 年，彼得一世在巴伐利亚州因为一个赌约而登顶布罗肯山（1142 米）。他从黄昏开始攀登，大约凌晨 2 点到达目的地。这是世界上首次有记载的夜间单人攀登。

和欧洲人一样，俄罗斯人对于山脉的兴趣源于学术研究。登山活动都是由俄罗斯科学院来组织的。那段时期，俄罗斯科学院取得了令人瞩目的登山成就：1829 年，在俄罗斯科学院探险期间，当地的登山向导基拉尔·哈希罗夫登上了厄尔布鲁士山的东峰；1842 年，小亚细亚研究员、学者彼得·奇哈乔夫完成了阿尔泰山之旅，现在阿尔泰山脉中有一座山峰就叫作"奇哈乔夫峰"；1845 年，俄罗斯地理学会成立，俄罗斯人开始在中亚山区探险，地理学家

俄罗斯山脉协会

弗拉基米尔·列宁

第比利斯国立大学学生

1914
1918

　　彼得·彼德洛维奇·谢苗诺夫研究了天山山脉，生物学家阿列克谢·费琴科考察了帕米尔高原——他最先发现外阿赖山脉中一座 7000 多米高的山峰，并将其称为"考夫曼峰"（后来叫作"列宁峰"，现在叫作"库来·伊斯基克洛尔独立峰"）；1890 年，学者安德烈·帕斯图霍夫成为同时登顶厄尔布鲁士山东西两峰的第一人，厄尔布鲁士山的每一位游客都知道"帕斯图霍夫岩"。

　　20 世纪初，俄罗斯出现了自己的"登山俱乐部"——俄罗斯山脉协会。虽然存在时间不长，只到 1913 年。俄罗斯山脉协会在卡兹别克山上修建了山间小屋（高加索山脉第一个高山宿营地），用于发展山地旅游、组织登山活动，还举办讲座、开展探险活动。可是，第一次世界大战爆发了，接着是十月革命、内战，登山渐渐被遗忘了。

　　直到 20 世纪 20 年代，为了提高年轻人的身体素质，苏联开始认真宣传健康的生活方式和体育运动。脱胎于精英娱乐的登山运动开始变得大众化。无产阶级旅游协会有组织地培养登山运动员和登山教练，并将年轻人输送到各个登山营地。在苏联时期，自由的登山活动也逐渐发展起来，人们自费设计、购买装备并进行训练，踏上旅途。多年间，这两种趋势决定了苏联时期的登山运动的灵魂：有组织的登山和自发的登山，这两种方式共生共存，互相影响。

　　苏联时期的登山运动的普及要归功于革命者们在瑞士度过的那段时光。弗拉基米尔·列宁就酷爱山地探险。这位同志们口中的"老头"，不止一次登顶过一些攀登难度不高的山峰。苏联军事家尼古拉·克雷连科和记者瓦西里·谢苗诺夫斯基还当过山区向导。

具体说来，苏联时期的登山运动诞生于 1923 年 8 月 27 日。这一天，第比利斯国立大学的 18 名大学生（其中包括 5 名女生）和老师一起登顶海拔 5000 多米的卡兹别克山。这样大规模的登山活动可谓史无前例！

虽然首批苏联登山者满怀热情，但是他们没有完善的装备和合适的衣物。1927 年考察厄尔布鲁士山的时候，登山队员们穿的是普通的春秋大衣、凉鞋和温暖的带扣式巴尔卡尔袜。1928 年，苏联科学院同德国学者及登山者共同在帕米尔高原进行了第一次探险。当时双方交往密切，苏联科学院和德国登山俱乐部也有合作。1929 年，尼古拉·克雷连科的登山小组尝试攀登列宁峰。他们穿着带扣的毡靴行进，双腿都冻僵了，但没能到达山顶。1931 年 9 月 11 日，尽管缺乏丰富的经验，波格列别茨基、秋林和藻别列尔 3 位登山运动员还是登上了汗腾格里峰（6995 米），这座山峰位于吉尔吉斯斯坦、哈萨克斯坦和中国边境。

20 世纪 30 年代，登山是苏联最时髦的户外运动。中亚的高山探险活动接连不断，7000 米级的著名山峰——列宁峰、共产主义峰、胜利峰和汗腾格里峰也不停地出现在新闻报道里。在那个年代，登山运动如同苏联的许多事物一样，具有明显的战争特点。人们登山时总是带着枪炮和领袖的雕像，红军战士和指挥官也会参与登山。

维塔利·阿巴拉科夫和
叶夫根尼·阿巴拉科夫兄弟

尼古拉·克雷连科

红军战士

登山运动员们成了明星。苏联著名的登山运动员维塔利·阿巴拉科夫和叶夫根尼·阿巴拉科夫兄弟可与苏联英雄瓦列里·契卡洛夫齐名。他们因攀登著名的克拉斯诺亚尔斯克石柱而闻名于世，在这里他们发明并实现了"阿巴拉科夫式跳跃"——在 100 米的高度上从一个崖顶跳向另一个崖顶。人们觉得两兄弟勇敢无畏，因为他们在没有任何保护措施的情况下完成了这个不可思议的高难度挑战。

阿纳托利·布克列耶夫

同德国人一起参加探险活动使维塔利·阿巴拉科夫付出了高昂的代价。他于1938年被逮捕，1940年又奇迹般地赶上大赦。

第二次世界大战爆发，德国军队抵达高加索地区，苏联山地射击队在这里抵御阿尔卑斯山地射击队。1942年前夕，苏联山地射击队有5000人，其中包括很多登山运动员。德国人拼命冲向高加索地区，冲向里海，冲向巴库的石油。1942年8月，厄尔布鲁士山升起了德国的国旗，但几乎立刻就被苏联登山运动员取下。直到最后，德国人也没能冲到外高加索。

20世纪60年代，山地探险成了大学生和学者们的消遣方式，当时苏联禁止他们出国旅行，山地探险至少可以为生活带来一些自由和浪漫的气息。高加索地区、帕米尔高原、天山山脉、克里米亚山脉、喀尔巴阡山脉、乌拉尔山脉以及萨彦岭，这些都是很受欢迎的探险目的地。与此同时，苏联还有职业登山运动员的定期培训学校。

现代登山者能够从苏联的培训体系中汲取不少经验，其中有一条不成文的道德标准被代代传承——在山里，所有人都要互相帮助。这也是俄罗斯登山运动特有的风格。1996年，发生暴风雪时，攀登向导阿纳托利·布克列耶夫在珠穆朗玛峰的鞍部救了几名商业登山队员，此前他曾去过全球11座海拔8000多米的山峰。他因此荣获美国登山俱乐部的最高奖项——戴维·A.索尔斯纪念奖，该奖项用于表彰那些冒着生命危险在山里救助他人的登山者。

格鲁吉亚登山运动员

现在，俄罗斯是主要的登山大国之一。

被授予金冰镐奖的26个团体中有9个来自俄罗斯，并且全部来自苏联的培训学校。俄罗斯登山队的主要成就有：2007年首次沿西侧壁通过乔戈里峰，1998年沿山脊突击马卡鲁峰获得金冰镐奖。如果没有职业培训，俄罗斯登山队很难取得这样的成绩。

更快、更高、更强

　　登山运动已有200多年的历史，登山装备也一直在更新换代。从1786年8月8日，米歇尔·加布里埃尔·帕卡尔和雅克·巴尔马没有借助绳索和冰镐就登顶勃朗峰开始，登山装备行业发展迅速。想象一下，登山时，没有地图、路线、路标、山口指示牌，也没有山间宿营地或便利的水源——登山先驱们正是在这样的条件下前进的。他们鼓舞了一代又一代的登山者。登山的人越多，改进登山装备的需求就越迫切。

　　当时，巴尔马和帕卡尔没有专门的登山服，只能靠暖和的鞋子来保护双脚。背夫们用绉绸面罩（而不是防护眼镜）遮脸，随身携带物资。

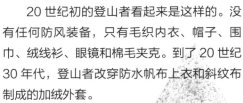

18 世纪
勃朗峰

　　20世纪初的登山者看起来是这样的。没有任何防风装备，只有毛织内衣、帽子、围巾、绒线衫、眼镜和棉毛夹克。到了20世纪30年代，登山者改穿防水帆布上衣和斜纹布制成的加绒外套。

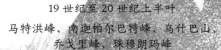

19 世纪至 20 世纪上半叶
马特洪峰、南迦帕尔巴特峰、乌什巴山、
乔戈里峰、珠穆朗玛峰

- 巴尔马和帕卡尔用带有钢尖的长杆（约2米）当作登山杖，用小斧头在冰坡上劈出台阶。
- 1770年，奥拉斯-贝内迪克特·德索叙尔发明了太阳能集热器，可将食物加热至60℃~70℃。
- 德索叙尔出资修建了两座山间小屋，但1768年他登山时使用的是帐篷。
- 首次攀登勃朗峰后，过了几年就出现了粗麻安全绳和亚麻安全绳。

- 1892年，艾伯特·马默里设计出了轻便的帐篷——总重1~1.5千克的加固丝制帆布帐篷，帐篷的高度相当于登山杖的长度。
- 睡袋被发明出来了：由驼绒毛、麦金托什橡胶布和羊毛制成。而到了1892年，马默里的团队已经使用羽绒睡袋了。
- 在比利牛斯山脉和阿尔卑斯山脉出现了山间宿营地。
- 爱德华·乌伊姆佩尔发明了铁制"脚扣"式保护装置，用于攀登过程中登山者的自我牵引，这个保护装置安装在登山杖的尖端，也可以用手像抛抓锚那样将其甩出去。
- 登山靴的鞋底上固定有钢制齿状鞋掌——三尖钉。

这种斧子就是冰镐的前身。冰镐由一个手柄构成，手柄的一端固定着镐尖和铲头（或者冰锤，即一种不带小锹的冰镐）。冰镐的样式多种多样，可用于不同坡度和类型的冰壁和岩石。

攀登陡峭的冰壁时需要专用的鞋，这种设计想法很早便有了。在罗马的君士坦丁凯旋门（4世纪初）上就可以看到登山鞋最初的一种造型。

丹增·诺尔盖和埃德蒙·希拉里爵士佩戴了更加现代化的防紫外线太阳镜，穿上了防风羽绒服和羽绒裤以及高筒登山靴。

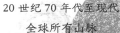

20世纪50—60年代
8000米级高峰

这是现代高山攀登者的样子。他的服装轻便又温暖。夹克由防风面料制成，内里夹绒；脚上穿的是现代化的全卡式高山靴。专用太阳镜可抵挡最强的紫外线，保护双眼。头上戴着头盔，身上背着便携的氧气设备、安全带、绳索、锁具、冰锥，以及上升器。

20世纪70年代至现代
全球所有山脉

- 20世纪50年代中期出现了极其结实的尼龙绳，这是一种由成千上万的人造纤维编织而成的减震缓冲绳。
- 尼龙的发明加快了新型高级工艺装备的研发设计，如登山服、睡袋、帐篷。
- 出现了救助高山攀登者的药物。
- 攀登珠穆朗玛峰时，希拉里和诺尔盖使用的是气炉和气灯。
- 1958年出现了下降器、上升器，可供登山者沿垂直方向攀登时使用。
- 20世纪60年代起，冰锥取代了冰钩，这种装置在固定锚点时变得更常用。

20世纪70年代以后出现的装备有：

- 超轻金属合金（钛合金、铝合金、碳素合金），利用这些合金可生产出便携耐用的登山杖、帐篷支架。
- 现代化的防风保温材料，如珊瑚绒、戈尔特斯面料，等等。
- 无须烹饪，注入开水即可食用的食物。
- 弧形手柄的冰镐。

高山探险者的日常

　　高山探险者的日常很普通。只不过，在高山上，很多习以为常的小事也可能会变得难如登天，让人无能为力。

　　早晨，登山者会醒得比较早，要是能睡足觉那就更好了。有时，登山者需要在冰坡上挖出或打出一个不大的支撑面用于宿营，帐篷会悬挂在侧壁上或是直接搭在陡峭的冰坡上。因为担心会跌落深渊，登山者常常一整夜都无法熟睡。假设他们没有患上令人痛苦的高山病，帐篷也平稳地架着，大雪没有摧毁它，天气晴朗……那么，是时候起床了！

　　登山者睁开双眼，阳光照在搭着帐篷的冰坡上，这里没有唱歌的鸟儿——它们都栖息在低海拔的植被区里。今天暂时还是个好天气（通常午饭后便再难寻好天气，乌云密布是家常便饭，而且有可能还会下雪），应该出发了。现在，第一件要做的事是将睡袋叠好并装入专用压缩袋里，这样可以节约空间。如今，登山用的睡袋是像航天服那样的高工艺装备，里面填满了柔软的鹅绒或鸭绒，在零下 20 摄氏度的温度（甚至更低！）下也可以使用，而且重量不会超过 1 千克。充气垫则扮演了床的角色，这也是一项神奇的工艺发明，充气垫带有隔热层，可以自动充气和排气，厂家一般会终身保修。背包不仅形状符合人体工学的设计，用超轻材料（甚至是含钛框架）制成，而且还排汗防水。

　　洗脸后，用专门的面巾纸（必要时也用它们清洗身体）擦拭干净即可。刷牙和在山下时一样，但必须节约用水。面巾纸不能随意丢弃，登山时产生的所有垃圾都要仔细装好并随身带走。大本营一般会有带生物降解厕所的帐篷，但在大本营之外，登山者就像 200 年前一样，只能在岩石堆后面方便。他们还会随身携带一个小铲子，便后用雪将其埋起来再撒点石头。

　　如果有需要，高山上可以烧热水。现在不再像 21 世纪初那样用煤油炉了，取而代之的是轻巧的钛制炉头和密封无烟小提锅，登山者可以用它们烧水。燃气装在超轻气罐里，空瓶不能留在山上，需要随身带走。

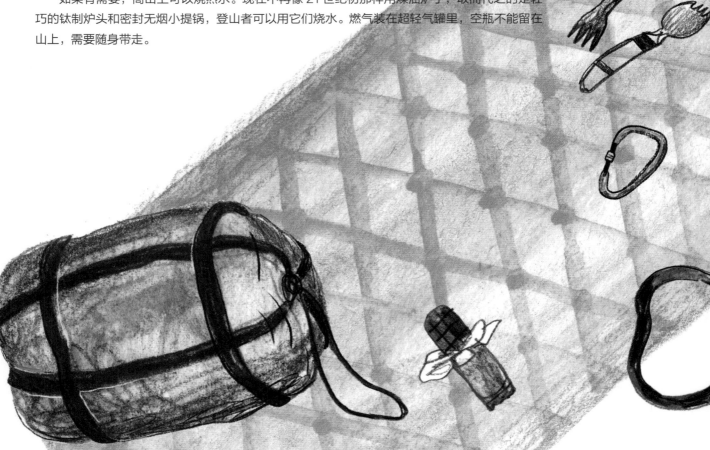

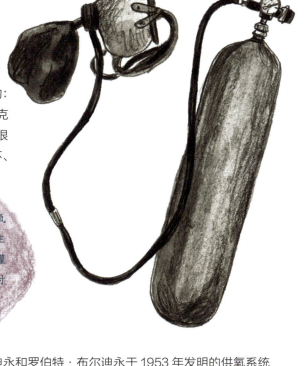

通常，做饭不需要燃气，现在有专门为登山者准备的速食。往速食袋里倒水，再焖10分钟，你就将得到一份美味的面糊，比如说白蘑菇面糊或火鸡花椰菜糊，肉饼荞麦粥或海鲜烩饭。进步是显而易见的：经过干燥处理的食物取代了登山者清淡的干粮。登山者们还会带巧克力、面包、奶酪、核桃、瓜子等热量高、体积小的食物以补充能量。很多登山时用的餐具同样工艺精湛：钛及钛合金制成的超轻小盆、茶杯、刀叉勺，这些都是由当今世界顶级的制造商生产出来的。

现在，90%的登山者在攀登较高的山脉时都会使用供氧系统来应对高山病。高山病的症状包括脑水肿和肺水肿，主要是由于机体在高处缺氧所致。供氧系统就是一个与氧气罐相连的面罩，长时间佩戴会使人陷入昏沉状态，因此吃饭时可短暂地摘下面罩。

托马斯·布尔迪永和罗伯特·布尔迪永于1953年发明的供氧系统经过一系列改进后，至今仍在使用。埃德蒙·希拉里和丹增·诺尔盖就是带着这台供氧系统完成了自己的珠穆朗玛峰之行。它被称为"开路式循环系统"：根据登山者设定的氧气流量，将罐中的氧气输送到氧气面罩里。

同年，托马斯·布尔迪永和查尔斯·埃文斯就研制出更完美的"闭路式循环系统"，这个系统可以制取氧气，吸氧者呼出的氧气还可以被重复利用。相较于使用"开路式循环系统"，登山速度可以提升将近一倍，无须担心氧气会被消耗殆尽。

"闭路式循环系统"也许可以挽救许多遭遇风暴或因氧气不足而滞留的登山者。为了避免悲剧，出发前，登山者们都会准备备用的氧气面罩和氧气罐。通常背夫会协助他们搬运登山物资。

气罐

更多的户外探险路线

19 世纪，人们开始攀登高峰；20 世纪，登山变成了一个人们萦绕不去的念想；21 世纪，登山已经成为人们生活的一部分，也是常见的户外运动。如今，"你喜欢去哪儿度假？海边还是山里？"这样的问题对于我们来说就像"你更喜欢喝茶还是咖啡？"一样熟悉。一个世纪以前，对大多数人来说，这个问题还毫无意义。如今，每个人都有机会挑战高山探险、享受徒步的乐趣，而正是本书中介绍的登山先驱们以及他们所取得的成就让这一切成为可能。

如今，8000 米级高峰的首登都已成为过去，但还有一些未被登顶的海拔 6000 米和海拔 7000 米的山脉。新的登山路线、冬季攀登和无氧攀登等登山挑战仍然鼓舞着登山者们前行。

还有哪些山脉值得一去呢？阿尔卑斯山脉不但风景秀丽，而且设施齐全，虽然去那里的路线每条都有几千千米，但路标完善，山口都立着指示牌。按照著名的徒步路线 GR-5 穿过法国的话，旅途可能需要 60 天，穿过瑞士或奥地利的山口，从一个村庄到另一个村庄可能需要 3 天。在欧洲，漫长的山地路线会贯穿多个国家。其中一条路线要穿过罗多彼山脉、迪纳拉山脉、阿尔巴尼亚、斯洛文尼亚、马其顿和黑山，这条路线被称作"狄那里克之路（巴尔干半岛长距离徒步）"。

在阿尔卑斯山脉，各种路线的复杂程度因人而异。有攀岩元素的路线，人们可以沿着固定好的护栏攀登（这种路线被称为"飞拉达"）；还有最简单的路线——一路上有一座座山间小屋，沿途有指示牌显示路线的复杂程度、攀登难度、所需体力、登山时间，以及上山 / 下山的高度，这种路线很适合带小孩的探险者。

前往比利牛斯山脉、喀尔巴阡山脉、罗多彼山脉等山脉，也可以欣赏自然美景，享受片刻宁静。古老的风景如画的利西亚小路穿过土耳其，格鲁吉亚山区坐落着斯瓦涅季和卡兹贝吉市，古希腊、古罗马作家斯特拉博和老普林尼都曾描绘过这些地区。虽然俄罗斯的高加索山脉、乌拉尔山脉以及阿尔泰山脉的道路体系和山间营地比不上欧洲，但论清幽，这几座山脉都非常值得一去。勘察加半岛还有原始、迷人的火山群。

勃朗峰依旧是登山胜地。现在，到达海拔 2370 米的鹰巢营地后，登山者还可以乘电车继续前进。每年沿传统路线登顶的人数多达 2 万。自 2019 年起，沿传统路线攀登勃朗峰必须出示登山许可证，这个许可证可以免费办理。如今，登山者们还需要提前预定山间营地。勃朗峰的攀登难度适中，难度等级为 2B。攀登时必须戴上脚扣，佩戴好防护用具并带上冰镐。厄尔布鲁士山比勃朗峰高大约 1000 米。从技术上来讲，厄尔布鲁士山并不容易攀登，其难度等级差点儿就到 1A，攀登那里也需要脚扣和冰镐。

北美洲有很多户外探险的机会：从黄石国家公园到大峡谷国家公园有为期一天或一周的旅行团，还有可以在山上待好几个月的户外活动。

北美洲有三条超长的徒步路线，被称为"徒步三重冠"，其中最远的一条路线是长达5000千米的大陆分水岭步道。第二条徒步路线是太平洋山脊步道，全长4270千米，沿着位于太平洋海岸的山脉可从墨西哥边境直达加拿大。第三条徒步路线是沿着阿巴拉契亚山脉铺陈开来，全长3500千米的阿巴拉契亚小径。对于新手来说，前两条路线比较复杂，阿巴拉契亚小径相对容易一些，因此这条路线非常热门。

秘鲁、玻利维亚、智利、阿根廷等南美国家是户外探险者的天堂。这些地方景色优美，让人心驰神往。虽然那里有很多可以进行团队攀登和单人攀登的地方，但户外的基础设施建设不如欧洲。在最热门的路线上，几乎什么都可以租到——从装备到衣物再到背夫。

在非洲，游客们通常跟团游览著名的山脉，如"月亮山"鲁文佐里山、肯尼亚山、南非桌山、埃塞俄比亚高原或乞力马扎罗山。

世界上最宏伟的山系位于亚洲，其中包括喜马拉雅山脉、喀喇昆仑山脉、帕米尔高原和天山山脉。14座海拔8000米级高峰中有8座可从尼泊尔攀登，对于热爱登山的人来说，尼泊尔是令人向往的朝圣之地。每座山峰的周围都有14~15条难度各异、长短不同的进山路线：从2天到1个月的都有（不算上登山的时间）。不过，沿着喜马拉雅山脉环线从东边的干城章嘉峰到西边的德尔帕地区至少需要3个月。所有登山路线都是根据其复杂程度和攀登高度来划分的。

世界上最高的高海拔路线之一环绕中国西藏神圣的冈仁波齐峰。游览时可以住在山上的酒店里，也可以在清幽的地方搭帐篷。徒步前往珠穆朗玛峰的旅途中大家甚至可入住四星级酒店，客房不仅供给氧气，还带按摩泳池。

在尼泊尔，攀登山峰会受到管制，需要付费。例如，攀登珠穆朗玛峰的费用是11000美元（这只是登山许可证的费用！），其他海拔5000米、6000米的普通山峰的费用从300美元到3000美元不等。每年约有400~500人购买登山许可证，但有很多人中途放弃登顶，因为他们实在无法坚持。幸运的是，现在的登山活动总体是安全的，尤其是沿着装备完善的线路攀登一些不太高也不需要经验和体力储备的山峰。当看到阳光将大大小小的山峰染成粉红色时，你一定会爱上它，并感叹："太美了！不枉此生！"这就是这本书存在的意义之一。

祝你旅途愉快！

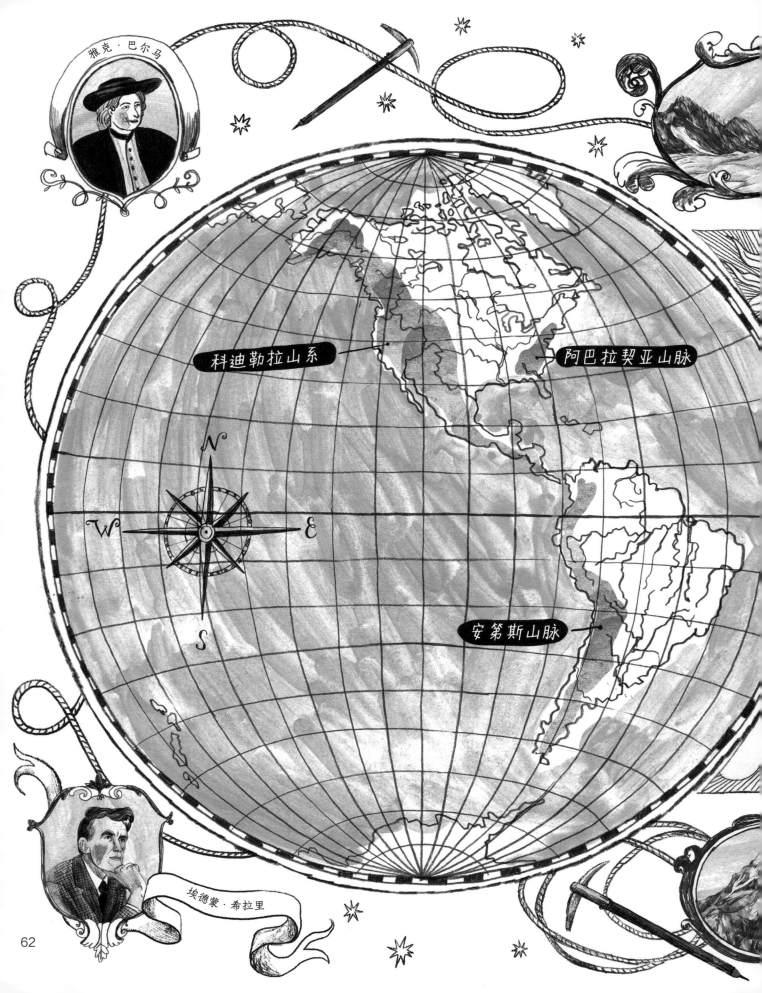

雅克·巴尔马

科迪勒拉山系

阿巴拉契亚山脉

安第斯山脉

埃德蒙·希拉里

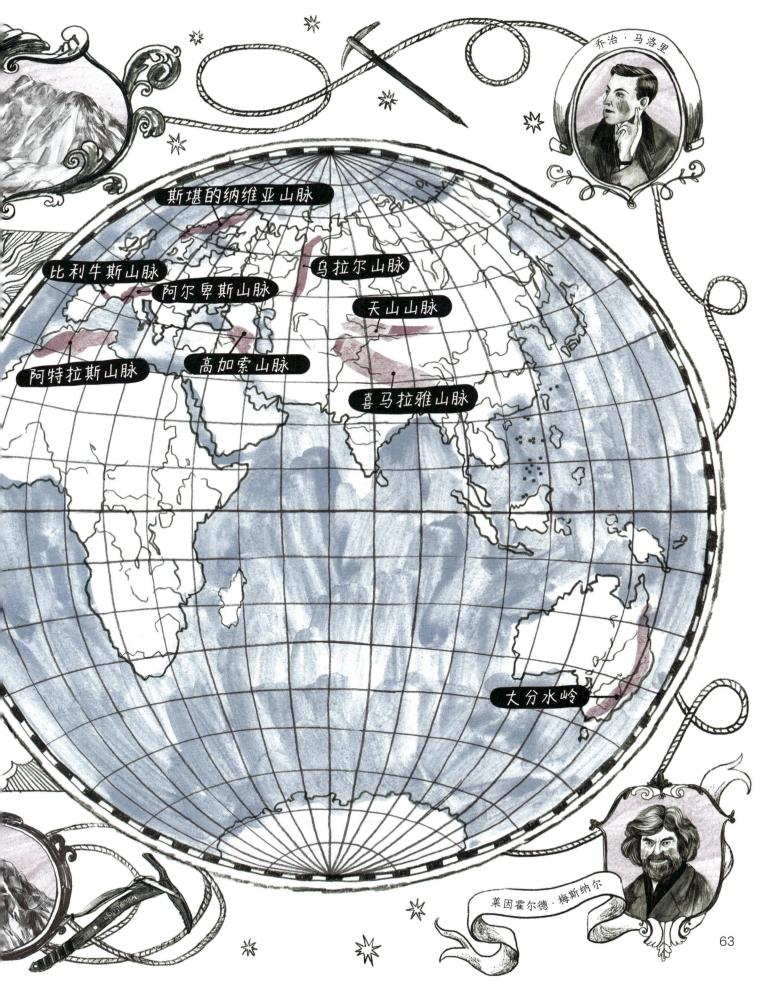

乔治·马洛里

斯堪的纳维亚山脉

比利牛斯山脉

阿尔卑斯山脉

乌拉尔山脉

天山山脉

阿特拉斯山脉

高加索山脉

喜马拉雅山脉

大分水岭

莱因霍尔德·梅斯纳尔

图书在版编目（ＣＩＰ）数据

更高更险的山：探索地球之巅与人类极限 /
（俄罗斯）拉达·巴卡尔著；（俄罗斯）塔吉亚娜·乌克
列伊卡绘；苑远，张会燕译. -- 武汉：长江文艺出版
社，2021.8
　　ISBN 978-7-5702-2224-7

　　Ⅰ.①更… Ⅱ.①拉… ②塔… ③苑… ④张… Ⅲ.
①登山运动－少儿读物 Ⅳ.①G881-49

中国版本图书馆CIP数据核字(2021)第 105550 号

Горы мира. История восхождений и открытий

Written by Lada Bakal, illustrated by Tatyana Ukleyko
Пешком в историю ® (A Walk Through History Publishing House ®)
© ИП Каширская Е.В., 2020 (© Sole Trader Ekaterina Kashirskaya,
2020)
The simplified Chinese translation rights arranged through
Rightol Media （本书中文简体版权经由锐拓传媒旗下小锐取得
Email:copyright@rightol.com）
Simplified Chinese translation copyright © 2021 by United Sky
(Beijing) New Media Co., Ltd.
All rights reserved.

湖北省版权局著作权合同登记号 图字：17-2021-127号
审图号：GS（2021）1067号

更高更险的山：探索地球之巅与人类极限
GENGGAO GENGXIAN DE SHAN：TANSUO DIQIU ZHI
DIAN YU RENLEI JIXIAN

选题策划：联合天际　　　　　特约编辑：周晓曼　严　雪
责任编辑：黄　刚　　　　　　责任校对：毛　娟
美术编辑：梁全新　　　　　　责任印制：邱　莉　胡丽平
装帧设计：史木春

出版：长江出版传媒　｜　长江文艺出版社
地址：武汉市雄楚大街268号　　邮编：430070
发行：长江文艺出版社
　　　未读（天津）文化传媒有限公司（010）52435752
http://www.cjlap.com
印刷：河北彩和坊印刷有限公司

开本：889毫米×1194毫米　1/16　印张：4　插页：4页
版次：2021年8月第1版　　2021年8月第1次印刷
字数：62千字

定价：68.00元

未小读
UnRead Kids
和世界一起长大

未读CLUB
会员服务平台